KB053058

내 삶의 주인은 누구인가

삶의 깊이를 더하는 단 하나의 질문

내 삶의 주인은 누구인가

손승욱

BOOKRUM
PUBLICATION

차
례

1부.

돌 아 보 다

2부.

깊 어 지 다

3부.

살 아 가 다

전 생각이 많은 청년입니다. 오늘 뭘 먹을지 고민하는 사소한 문제에도 결정하지 못하고 생각에 빠져 있을 때가 많습니다. 이런 제 모습이 짜증날 때도 많았습니다. 매일 반복해야 하는 일상인데도 쓸데없이 정신에너지를 소모해야 했으니까요. 하지만 단점처럼 보이는 이런 태도가 스스로의 인생 문제를 다룰 때는 큰 장점이 되었습니다. 내가 가는 길이 올바른 길인지, 진정으로 나 자신을 위한 길인지 조목조목 따져보며 생각하곤 했습니다. 그리고 그 생각들을 놓치고 싶지 않아 노트에 기록했습니다.

인생을 어떻게 살아야 할지는 아직도 잘 모르겠습니다. 지금도 계속 고민하는 와중에 있고 조금씩 알아가고 있습니다. 2018년 초, 저는 이런 고민의 과정들을 영상에 담아 유튜브 채널에 올리기 시작했습니다. 인생을 어떻게 살아가면 좋을지에 대한 생각들을 담담히 이야기했습니다. 한 영상을 만들면 그 영상에 구독자님들의 질문이 달렸고 그 질문에 답변하는 영상을 또 만들었습니다.

　이 책은 영상을 만들며 쓰여진 대본들을 모아 다시 다듬은 글들이 모여 있습니다. 저는 이 책이 여러분들께 인생의 해답을 알려드리는 책이 되지 않았으면 좋겠습니다. 인생의 길은 모든 사람들이 함께 걸어가는 한 방향으로 쭉 뻗쳐진 큰 길이 아니라 360도로 자신만의 방향을 찾아 스스로 개척해 가는 길이기 때문입니다.

　저는 이 책이 여러분들을 생각해볼 수 있게 만들었으면 좋겠습니다. 자신이 살아온 인생 그리고 앞으로 살아갈 인생에 대해 고민해 보며 오직 자신만이 스스로의 삶의 주인이 될 수 있다는 것을 깨닫는 시간이 되었으면 좋겠습니다. 저의 사유 속에 잠시 유영하면서 여러분들 자신만의 사유를 발견할 수 있었으면 좋겠습니다.

손승욱

1부

돌아보다

과거의 부정적인 경험들을 부정하기를 그만둔다.
실패를 해봤기에.
아직 실패하지 않은 나보다 더 빨리 갈 수 있다.
진짜 밑바닥을 경험해본 사람이
성장하고자 하는 열망을 더 뜨겁게 가질 수 있다.

내 삶이
변하지 않는
이유

한때 자기계발서에 대해 부정적인 생각을 가졌던 때가 있다. 그저 말로만 '행동하라.'라고 말하는 것이 듣기에 아니꼬왔던 것 같다. 지금 난 인문학 서적만큼이나 자기계발서를 좋아한다. 내 삶을 총체적으로 바라보는 법, 계획하는 법을 배웠고 하나의 행동을 하더라도 더 전략적이고 구체적으로 실행하는 법을 배웠다.

그래서 난 유튜브 채널에서 적극적으로 자기계발서를 추천해드리곤 한다. 내 삶을 꾸려가는 데 지대한 영향을 준 책들이 너무도 많고 지금도 늘어나고 있기 때문에 책 추천은 평생 해도 끝이 없을 것 같다.

그런데 때로 그러한 자기계발서를 읽어도, 읽은 것 같지가 않아서 어떻게 해야 할지 모르겠단 말씀을 하시는 분들이 있다. 이런 이야기를 들을 때면 공감이 되기도 하는 한편 깊은 생각에 잠긴다. 자기계발서라는 이름 그대로 자기계발에 도움이 되어야 하는데 계발되기는커녕 읽어도 읽은 것 같지 않다면 자신이 문제가 있든 책이 문제가 있든 어딘가에는 문제가 있다는 뜻이니까.

지금도 매일 내 갈 길에 대해 고민하고 방황하는 한 사람이기는 하지만 독서에 푹 빠지기 전에는 내 삶이 더욱 캄캄하게 앞이 보이지 않는 것처럼 느껴졌었다. 그리고 그런 시기엔 어떤 책을 읽어도 성장의 느낌은커녕 머릿속에도 마음속에도 남는 게 하나도 없었다.

나중에서야 그 이유를 알게 되었다. 그때의 내 문제는 진정으로 하고 싶은 한 가지 일이 없었기 때문이었다. 사소한 목표도 없었다. 주위에서 말하길 그저 책 읽으면 좋다니까 인생이 바뀐다고 하니까 막연한 희망을 품고 읽었을 뿐이었다. 물론 난 독서가 반드시 성장에만 초점을 맞춰야 한다고 생각하진 않는다. 단순 즐거움만을 위해서도 독서란 건 매우 좋은 취미가 될 수 있다. 목표 없이 세상의 여러 지식과 지혜를 쌓아가는 것도 좋은 독서라고 여긴다. 하지만 그때의 나처럼 '성장'에 너무도 갈급하다면. 책을 통해 자신의 삶을 변화시키고 싶다는 욕구가 안에서 부글부글 끓어오른다면. 이럴 때야말로 독서를 내 삶의 성장과정에서 최고의 도구로 삼아야 될 때라고 생각한다.

진정으로 하고 싶은 일이 없었기 때문에 내 독서는 아무런 효용이 없었다. 좋다는 강연들을 직접 찾아다니며 들어봐도 또한 소용이 없었다. 내 의식에 좋은 지식을 들어부어도 아무것도 담기지 않았다. 그릇이 준비되어 있지 않았기 때문이다. 무엇을 하고 싶은지 무엇을 하며 살고 싶은지 내 열정의 목표 지점이 없었기 때문에 아무리 좋은 지혜의 서를 읽어도 채워지는 듯하다가도 책만 덮으면 새하얗게 사라져버렸던 것이다.

여러 가지 자기계발서의 좋은 지식과 스킬을 배우기 이전에 우선해야 할 것은 자신이 진정으로 하고 싶은 한 가지를 찾는 것이다. 스킬을 배워도 쓸데가 있어야, 그 스킬의 능력이 길러진다. 축구를 하든, 달리기를 하든 목표가 있어야 그에 맞는 적절한 스킬을 배우고 활용을 할 것이다. 스피치 능력을 아무리 키워도, 강연석에서 진짜 하고 싶은 말의 주제가 없으면 강연을 할 수 없다. 글쓰기 실력을 아무리 키워도 책을 통해 자신이 나누고자 하는 이야기가 없으면 책을 쓸 수가 없다.

우리의 인생 또한 마찬가지다. 여러 가지 강연 듣고, 자기계발서 보면서 삶의 스킬들을 배우지만 진정 자신이 무엇을 하고 싶은지에 대한 비전이 불명확하면, 책이나 강연으로 들은 좋은 지혜와 지식들은 그 순간만 지나면 안개 걷히듯이 사라져버린다. 요즘은 평생교육 프로그램들이 많다. 인간은 계속해서 배워야 함을 강조한다. 그래서 음악도 배우고 서예도 배우고 영상 편집도 배운다. 물론 아무것도 안하면서 무기력하게 있는 것보단 무엇이든 배울 기회가 있으면 최대한 배우는 게 좋을 것이다. 하지만 그것이 취미로서가 아닌 그 이상의 어떤 성취를 바란다면 아무런 자기발견과 선택 없이 배움만 이어나가는 것은 조심해야 한다. 아무런 목표 없이 3개월마다 분야를 바꿔가며 얻는 지식이나 스킬은 취미 그 이상 그 이하도 아니다.

과거의 내가 그랬다. (물론 일정부분 지금도 그렇다.) 여러 가지 수많은 스킬들을 배우고 익힌다. 그리고 어디 가서 남한테 훈수 두기를 좋아했다. 하지만 정작 자기 자신을 컨트롤하는 것에는 항상 실패했다. 몰두할 대상 자체가 없기 때문에 무엇을 익히든 그 순간뿐이었다. 하고 싶은 것은 많지만 뜨거움이 없었다. 그러면서 내내 여러 가지 일들만 전전하는 삶을 살았고 수십 가지 취미를 가지며 만능 엔터테이너라고 스스로에게 위안 삼았다.

명확한 비전이 있어야 행동도 명확해진다. 명확한 비전을 가지려면 스스로가 원하는 것이 무엇인지 알아야 한다. 지금 당장 내가 원하는 게 무엇일까 생각한다고 바로 답이 나오지 않는다. 그렇다고 이 질문을 그만 뒤선 안 된다. 자신에 대한 고민을 그만하는 순간부터 진짜 정체가 시작된다. 매우 혼란스러울 것이다. 그렇다면 지금의 이 이야기가 성공한 것이라고 생각한다. 고민의 과정, 이 혼란의 과정을 겪어야만 자신이 가장 원하는 답과 가까워질 것이다.

모든 위대함은 겉에선 보이지 않는 내면의 끊임없는 움직임, 역동하는 에너지를 참고 버텨낸 결과물이다. 애벌레가 나방이 되기 위해서 자신의 움직임을 포기하고 고치가 되듯이. 움직이기를 그만두고 휴식만 하고 있는 것처럼 보이지만 고치 안에서는 어떤 한 존재가 자신의 과거를 부정하고 있다. 새 모습을 위해서 고독한 시간을 감내하고 육신을 바꾸는 고통을 참아낸다. 그리고 자신이 만들어 놓은 두

꺼운 껍데기를 쉼 없는 발버둥으로 깨치고 나오는 순간 땅에 배를 대고 기어가던 애벌레는 더 이상 존재하지 않는다. 평면만을 보던 2D의 삶에서 3D의 삶을 얻는다.

나 자신에 대해 고민하는 수렴의 과정을 거치지 않는 사람은 자기 혁신의 순간을 맞을 수가 없다. 누구보다 노력하고 열심히 살아가지만 아무런 삶의 변화를 만끽하지 못하고 있다면 지금 잠깐 멈춰서 생각해 보아야 한다. 자신만의 고치 속으로 들어가 치열하게 질문해야 한다. 그동안 내가 살아온 길이 진정 나를 위한 길이었을까? 혹시 타인의 기대를 충족시키기 위한 길이 아니었을까? 내가 원하는 것을 뒷전으로 하는 삶은 아니었을까?

실패한 과거를
지우고 싶나요

내가 살아온 모든 순간들이 다 싫었던 때가 있었다. 이 것저것 시도를 많이 했지만 아무것도 이루어지지 않고 제 자리만 맴돌고 있는 나의 모습을 보면서 자괴감을 느꼈다. 돈을 많이 벌어둔 것도 아니었다. 남다른 재능을 키운 것도 아니었다. 무엇 하나 선택해서 제대로 해본 적이 없는 내 자신이 싫었다. 다들 활기차게 자신만의 길을 가고 있는데 나 혼자만 제자리걸음을 하는 듯한 기분이었다. 그때 난 내 가 걸어온 그 작은 오솔길이 싫었다. 재부팅 버튼이 있어서 클릭 한 번으로 새롭게 시작할 수 있다면 훨씬 더 잘할 거 라는 몽상을 하며 시간을 때우곤 했다. 나의 과거를 부정하 고 싶었다.

실패의 경험, 역경, 좌절, 시행착오, 오류. 이런 단어들로

점철된 기억들을 내 인생에서 도려내고 싶은 마음뿐이었다. 그저 나에게 도움이 되지 않는 해로운 것들이었다. 앞으로는 제발 이런 것들과 반대되는 모습만으로 내 삶을 채우길 원했다. 성공적인 삶, 빛나는 모습으로만 가득 찬 삶을 어떻게든 얻고 싶었다.

게임으로 밤을 새고 동이 떠오를 때 잠을 자려고 누웠다. 멍하니 천장을 바라보았는데 그곳엔 멍청하게 천장을 바라보고 있는 나 자신이 보였다. 밤을 새서 몽롱했기 때문이었을까 과거의 지우고 싶은 어떤 기억들보다도 더욱 더 처절하게 절망하고 있는 현재의 모습이 보였다. 찬란하게 빛나는 삶을 살고 싶다는 생각만 가진 채로 아무것도 노력하지 않으며 자신의 삶을 부정하고만 있는 한 명의 청년이 눈에 보이기 시작했다. 있는 그대로의 나를 보았고 고요하던 수면이 출렁이기 시작했다. '이렇게 살면 안 되겠다. 내 과거의 모습들을 부정해선 안 된다. 그 모든 모습들을 끌어안아야 한다. 그리고 더 형편없는 나의 현재 또한 인정해야겠다. 더 이상은 도망가선 안 된다.' 과거 때문에 현재의 삶이 이런 것이라고 합리화하면서 아무런 노력조차 하고 있지 않은 한심한 청년 한 명이 그제야 눈에 보이기 시작했다.

그렇게 형편없는 현재의 모습을 받아들이고 나니 속이 편해졌다. 이제는 더 떨어질 데도 없다는 사실에 그저 웃음만 나왔다. 그리고 난 앞으로 무엇을 해야 할지 생각했다. 무엇을 선택하든 괜찮았다. 지금보다는 나을 테니까.

그동안의 삶이 실패해서 참 다행이라고 느꼈다. 실패가 없다면 성공도 없을 것이다. 실패를 한 번도 경험해보지 못한 사람이 자신의 성공의 기준을 어떻게 결정할 수 있을까? 아마 난 '제대로' 실패하지 않았기 때문에 그동안 배부른 생활을 했던 것 같다. 그날 아침, 나는 제대로 실패했다. 내가 실패했다는 것을 받아들였다. 그리고서 새롭게 내 삶의 성공의 기준에 대해 생각하기 시작했다. 목표가 명확해졌다. 일단은 무엇이라도 해보기로.

어둠과 빛은 함께 존재한다. 어둠이 있는 자리에 빛이 깃들면 어둠은 우리 눈에 보이지 않는다. 하지만 그렇다고 그 자리에 어둠이 없는 것은 아니다. 빛이 자리를 양보하기만 하면 그 자리의 주인인 어둠은 다시 그 모습을 드러낸다. 우리는 어둠의 존재를 기억하기 때문에 빛에 감사할 수 있다. 난 어둠의 존재를 인정했다. 그러자 빛도 보이기 시작했다.

한 번도 실패해 보지 않은 무미건조한 삶을 사는 사람이 성공에 대한 열망을 가질 수 있을까? 칠흑 같은 어둠을 겪어 본 사람만이 빛을 더욱 강렬히 희망한다. 어머니께선 겨울을 특히나 싫어하신다. 내가 어렸을 적 살던 집은 보일러가 잘 안 되는 집이어서 항상 추웠었다. 어머니는 그런 추위 속에 지냈던 경험 때문에 지금은 집의 온기를 최대한 가득 채워두는 것을 좋아하신다. 또한 그런 오랜 추위의 고통을 겪어 보셨기 때문에 지금 그 온기의 소중함을 아신다.

인생을 살다보면 반가운 기억들만 찾아오지는 않는다. 지우고 싶은 기억들, 실패, 역경들은 언제나 우리 주위에 잠복해 있는 듯하다. 이 반갑지 않은 손님들이 찾아오지 않는다면 참 좋을 것 같다. 하지만 만약에 이 손님들이 완전히 사라진다면 어떻게 될까? 더 나아지고자 하는 마음, 성장하고자 하는 마음, 빛의 존재에 감사할 수 있는 이 마음 또한 절대 찾아오지 않을 것이다.

과거에 그렇게 방황하던 나의 모습이 없었다면 지금의 나도 없었을 것이다. 지금은 더 이상 그때의 나를 미워하지 않는다. 그 모습들이 있었기 때문에 현재의 나도 있다. 과거로 돌아가서 새로운 삶을 꾸리고 싶다는 몽상도 하지 않는다. 그때의 모습이 없었다면 지금 이 글을 쓰고 있는 나도 없을 것이기 때문이다.

　과거의 부정적인 경험들을 부정하기를 그만둔다. 그 경험을 나의 자양분으로 삼아 앞으로의 내 삶의 방향키로 삼을 것이다. 내가 반복한 그 실수들을 앞으로는 저지르지 않는 반면교사로 삼을 것이다.

　실패를 해봤기에, 아직 실패하지 않은 나보다 더 빨리 갈 수 있다. 진짜 밑바닥을 경험해본 사람이 성장하고자 하는 열망을 더 뜨겁게 가질 수 있다.

철새는

자신이 날아 가야할 방향을 안다.

우리는 우리가 나아갈 방향을

알고 가고 있는 걸까.

뒤처짐을
고민하는
당신에게

뒤처지는 게 싫었다. 학교 공부를 할 때도 성적에서 뒤처질까 겁나서 어떻게든 성적을 올리거나 지키려 했고 시간이 지나 직장생활을 할 때도 함께 일하는 직원들에게 뒤처지지 않으려 발버둥 쳤다. 지금 유튜브 활동을 하면서도 이 유튜브 시장에서 뒤처지지 않을까 두려움이 올라오곤 한다. 우리는 어디를 가든 자신이 소속한 곳에서 서열을 매기는 버릇이 있고 그 서열을 지키거나 올리기 위해서 어떻게든 발버둥 친다.

비단 나뿐만 아니라 세상의 참 많은 사람들이 뒤처짐에 대해 고민하고 두려워한다. 뒤처지는 게 두렵다고 하소연하시는 분들이 많다. 그리고 정도가 심해지면 그 두려움의 실체를 들여다보고 맞서려 하기보다 일단 회피하고 외면하고 싶어 한다. 불가항력인 존재를 맞닥뜨렸을 때 대항하기보다 피하는 게 인지상정인 것처럼 두려움의 정도가 커져 자신을 집어 삼켜버리면 회피하는 것만이 최선이 된다. 그러나 뒤처짐에 대한 두려움이 어떤 것인지 조금 더 구체적으로 들여다본다면 이 두려움을 조금이나마 떨쳐버릴 수 있다.

우리는 무엇에 뒤처지는 것을 두려워하는 걸까? 뒤처진다는 것은 자신의 앞뒤로 누군가가 있을 것이란 가정에서 시작한다. 난 20살에 대학을 바로 가지 않고 군대를 갔었다. 군대를 전역하고 나서 난 앞서간다는 생각과 뒤처진다는 생각이 동시에 들었다. 또래 아이들에 비해서 군대를 일찍 전역했으니 군대 가는 것에서는 앞서가는 상태였고 대학 생활면에서는 뒤처진 상태였다. 다시 대학 입시 준비를 하면서 그해에 대학 입시에 성공하면 내 또래들이 군대를 전역하고 다시 대학에서 만났을 때는 서로 몇 학년일지 셈을 해보곤 했다.

얼마 전에 한 대학생이 고민 상담을 요청했다. 1년 정도 여행을 가고 싶은데, 또래보다 1년 뒤처져서 취업 시기가 밀리게 되면 사회에서 낄 자리가 없어 질까봐 두렵다는 이야기였다. 요즘은 취업시기가 많이 늦춰져서 30대가 되어서도 아직 공부 중인 학생들이 많다. 그런 분들 중 상당수가 뒤처져 있다는 두려움에 사로잡혀 있는 것 같다.

'사회적 나이'라는 것이 있다. '10대 때는 마땅히 무얼해야 하고, 20대 때는 마땅히 무얼 해야 한다.'라고 하는 암묵적인 압력이다. 사람들과 만나 조금만 대화를 해봐도 우리 인간이 얼마나 '사회적 나이'를 신경 쓰는 지 알 수 있다. '걔는 결혼 했대?'라고 묻는 말도 '현재 우리 나이는 마땅히 결혼 할 나이니까.'라는 생각이 깃들어 있는 것이다. 10대에는 공부 열심히 해서 좋은 대학 갈 준비하고 20대 초반에는 대학에서 열심히 공부하고, 20대 안에 좋은 직장을 구한다. 30대가 되어선 당연히 좋은 배우자 구해서 결혼할 준비를 해야 할 테고, 더 늦기 전에 결혼을 해야 결혼적령기를 놓치지 않을 것이다.

명절에 집에 가면 나이대별로 꼭 묻는 질문들이 있다.
"학교에서 몇 등하니?"
"대학은 어디니?"
"군대는 안 가니?"
"취업 준비는 잘 돼가니?"

"결혼은 언제 하니?"

이런 지겨운 질문들은 누가 만들어내는 것일까? 나를 제외한 이 사회가? 대중을 우매하게 만들려는 일부 어두운 집단? 그들이 이용하는 매스컴? 아니다. 우리 스스로가 만드는 것이다. '나'라는 존재가 모여서 사회가 만들어진다. 인간은 사회적 동물이기에 스스로를 옭아매는 사회적 나이를 자신도 모르게 수시로 만들어 주위에 공유하고 함께 공감한다. 불편한 질문을 받을 때 기분 나쁜 이유는 이미 스스로가 그 사회적 시선에 매여 있기 때문이다. 그리고 반응이 있는 곳에 자극은 모이게 되어 있다. 이 사회는 계속해서 떠들어댄다. "너 이러다가 뒤처져."

상상해보자. 만약 내가 타인의 시선을 전혀 신경 쓰지 않을 수 있다면. 남이 좋아하든 싫어하든 상관없이 그저 자신이 좋아하는 일에 매진하며 자유롭게 살아가는 사람이라면. 그런 자신한테 사람들이 이러한 사회적 잣대를 들이밀까? 아마 한두 번 시도해보다가 포기할 것이고 당신을 두 가지 부류로 정의할 것이다. 사회에서 동떨어진 아웃사이더라고 무시해 버리거나 아니면 특별한 존재, 천재, 비범한 사람으로 추앙할 것이다. 이 두 가지로 나뉘는 요인은 이 사람이 대중들의 잣대, 즉 사회적으로 성공을 했느냐 하지 못 했느냐일 것이다. 그 여부에 따라 한쪽은 아웃사이더, 한쪽은 소신 있고 자유로운 천재가 된다. 이 이야기를 들으면서 '난 아웃사이더가 아닌 천재로 불리고 싶어.'라는 마음이 든다면 지금도 타인의 시선에 매여 있는 것이다. 물론 타인의 시선을 신경 쓴다는 것이 나쁘단 뜻은 아니다. 나도 타인의 시선을 매우 신경 쓰는 사람이며 많은 관심과 사랑을 받는 걸 좋아한다. 여기서 중요한 것은 뒤처진다는 마음을 불러일으키는 구체적인 원인을 알아보는 것이다.

결국 그 뒤처진다는 마음을 불러일으키는 기준은 타인이다. 내 삶의 방향, 삶의 길을 찾고 있는데 나 자신이 기준이 되는 게 아니라 남이, 타인이 기준이 되는 것이다. 그리고 뒤처진다는 생각 자체는 이미 남을 위한 삶을 살고 있다는 것과 같은 말이다.

적절한 선의의 경쟁심은 인간에게 좋은 성장 동력이 될 수 있다. 하지만 뒤처진다는 두려움을 가져다 주는 지나친 경쟁심은 스스로의 삶의 기준을 타인에게 놓게 하고 결국 행복의 기준 자체도 타인에게로 돌아가게 한다. 지금 현재 당신의 나이가 몇 살이든, 사회적 나이로의 어떤 압박을 받고 있든 상관없이 내가 뒤처지지 않을까라는 두려움을 내려놓아야 한다.

그리고 먼저 고민해야 할 것이 있다. 내가 행복할 수 있는 길이 무엇일까? 이 질문이다. 우리가 평생 던져야 할 질문이고, 끊임없이 던지고 던져야 할 질문이다.

'뒤처지지 않을까? 더 열심히 해서 남들보다 앞서야지, 1등해야지.'

이런 마음들은 나의 행복을 뒷전으로 미뤄놓고 현재의 불행을 감수하게끔 만든다. 그렇게 해서라도 나중에 1등하면 행복해질까? 아니다. 헤아릴 수 없이 다양한 사람들이 살아가는 이 세계에서 1등 하는 건 불가능할 뿐더러, 어떤 한 분야의 1등이 되었다고 하더라도, 세상은 또 변하고, 새로운 인재들은 또다시 올라오게 될 것이다. 결국엔 그 1등을 지키려고 또 불행을 감수하다가 평생을 치열하게 살다가 갈 것이다. 물론 그런 치열한 삶에도 삶의 의미는 있다고 생각한다. 인간의 모든 삶은 의미가 있으니까. 하지만 결국에 1등을 거머쥐고 세상의 추앙을 받는다고 할지라도 스스로가 행복하지 않다고 느낀다면 그 삶은 누구를 위한 삶일까? 타인의 기준을 채우려고 발버둥 치려는 삶의 행보가 행복에 도달하게 될 가능성은 몇 퍼센트나 될까?

뒤처짐을 두려워하지 말자. 어떻게 살아갈 때 자신이 진정으로 행복할지에 대해서 그것만 고민하자. 행복이라는 단어가 너무 거창해보인다면 '소소한 기쁨'이라고 바꿔도 좋다. 난 어떻게 살아갈 때 소소한 기쁨을 느낄 수 있을까? 사회의 시선이 넌 '뒤처졌어.'라고 헛소리를 지껄여대더라도 '난 그딴 헛소리에 반응 안 해.', '난 나의 행복이 가장 중요한 사람이야.'라고 다짐해보자.

1등에 대한
집착
내려놓기

 난 1등에 대한 집착이 심각한 사람이었다. 모 아니면 도. 최고가 아니면 오히려 의욕이 떨어졌다. 그래서 운동을 하든 공부를 하든 독하게 나 자신을 몰아쳤다. 한 계단씩 나 자신을 성장시켜나간다는 생각보다는 그저 남을 이기는 것이 목표였다. 아무도 내 위에 있을 순 없다고. 난 언제나 남들의 부러움을 사는 존재여야 한다고 나 자신에게 암시를 걸었다. 그러다보니 매일 열심히는 살았지만 언제나 포기가 빨랐다. 무엇을 하든 어디에나 나보다 특출한 사람이 있었고 어느 한 사람을 이기고 나면 또 새로운 경쟁자들이 생기곤 했기 때문이다. 최고가 아니면 차라리 안 하는 게 낫다는 이런 태도는 나의 인생을 점점 갉아먹었다. 좋아해서 시작한 축구는 그놈의 승부욕 때문에 재미를 잃었고, 즐겁게 운동하러 갔다가 표정이 썩어서 집에 돌아오곤 했다.

20대 초반에 사진사 일을 했었다. 외국인 관광객들에게 스냅사진을 찍어주는 일이었는데 일을 더 열심히 할수록 돈을 더 많이 벌 수 있는 '실적제'의 일이었다. 쉽게 입사하고 쉽게 퇴사하는 아르바이트식으로 운영되는 업무였지만 몇 년 이상 오래 일한 선배들은 월 300만원 이상 벌어들인다는 이야기에 솔깃해 일을 하기 시작했다.

처음 6개월은 밥벌이도 잘 못할 정도로 일을 못했다. 30일 쉬지도 않고 일했는데 한 달에 50만원도 못 벌었을 때는 '내가 지금 뭐하고 있나.'라는 생각이 절로 들었다. 고시원 방세 내고 핸드폰 요금 내고 나니 밥 사먹을 돈이 없어서 고시원에서 제공하는 맨밥과 김치로 때웠다. 그만두고 그전에 140만원이라도 벌던 일로 다시 돌아갈까 몇날며칠을 고민했다. 당시에 몇몇 선배분들이 계속 일하도록 붙잡아 주었기에 버틸 수 있었다. 실적은 안 좋지만 죽어라 열심히 하는 동생을 예쁘게 봐주셨던 모양이다. 실적 올리는 노하우 잘 알려줄 테니 계속 열심히 해보라고 했다. 하나씩 배우며 버텼다. 그동안은 그저 열심히만 했었다면 이제는 베테랑 선배들이 어떻게 일하는지 눈여겨보기 시작했다. 사소한 행동 하나하나까지 모방할 정도로 악착같이 따라했는데 신기하게도(당연하게도) 매달 실적이 조금씩 상승하기 시작했다.

　그리고 입사한지 1년이 조금 넘었을 때, 회사 실적 1위에 올라갔다. 당시 한 달 평균 400만원에서 500만원 정도 벌었으니 대학도 안 나오고 기술도 없던 나에게는 최고의 수익이었다. 그 이후로 1년간 1등 자리를 유지했지만 돌이켜보면 그때만큼 정신적으로도 육체적으로도 힘들었던 적이 없었던 것 같다. 회사 내 최고의 수익을 계속 유지하기 위해서 쉬지 않고 일했고 잠을 덜 자면서까지 무리하는 나날을 지속했다. 그렇게 서서히 내 모든 세계는 1등과 수익에 대한 갈망으로 물들어갔다. 어렸을 때부터 가지고 있었던 '최고'에 대한 집착과 돈에 대한 욕심이 결합하니 '나'는 더 이상 없고 1등을 위해 살아가는 아귀 한 마리만 남아 있었다.

　누가 내 1등을 뺏을까봐 두려웠다. 항상 신경이 곤두서 있었고 이걸 유지하기 위해서 휴가도 쓰지 않았다. 쉬는 순간 누군가가 그 시간에 일하고 있을 걸 생각하면 견딜 수가 없었다. 잠도 거의 안 자가며 사진 작업을 했고 실적을 올리는 데만 급급하며 내 인간성을 갉아먹었다. 그리고 당연하게도 번아웃이 찾아왔다. 돈 버는 재미와 1등에 대한 집착으로 열심히 이어오긴 했지만 더 나아가다가는 정신도 육체도 다 망가질 것 같은 느낌이었다. 그러고서 일을 그만두는 데는 며칠 고민도 하지 않았다. 이렇겐 못 살겠다는 생각에 도망치듯 일을 그만둬 버렸다. 물론 조금 타협해서 일을 줄이고 나를 돌보아가며 돈을 벌 수도 있었을 것이고 그렇게 해서도 좋은 실적을 유지할 수 있었겠지만 그때의 나는 나 자신과 타협하는 방법을 몰랐다. 1등을 유지하자니 너무 힘들었고 1등을 내려놓고 어중간한 위치에 서자니 알량한 자존심이 허락하지 않았던 것 같다.

잠시 쉬면서 그동안의 내 모습에 대해 생각을 해 보았고 목표에 대한 생각이 많이 바뀌게 되었다. 최고가 되려고 혈안이 된 삶은 더 이상 살고 싶지 않았다. 노력을 하더라도 누군가를 이기기 위해서가 아니라 오로지 나 자신을 위한 성장, 내 행복을 위한 성장을 하자고 마음먹었다.

난 배우는 걸 참 좋아한다. 축구, 수영, 탁구 같은 운동 배우는 것도 좋아하고 기타, 드럼, 노래 등의 음악을 배우는 것도 좋아한다. 그렇게 한 걸음씩 성장하는 걸 좋아한다. 나만 그런 것이 아니라 인간은 성장할 때 즐거움을 느끼도록 프로그래밍 되어 있다. 한편, 인간은 누군가보다 우월해지는 것 또한 즐긴다. 우리의 유전자는 생존과 번식을 우선시하도록 명령이 새겨져 있고 다른 개체들보다 더 우월해질수록 생존, 번식 확률이 높아지기 때문에 그것을 좋아하도록 설계되어 있다. 나는 이 경쟁욕구에 더 민감했던 것 같다. 단순히 배우는 걸 즐기는 단계를 넘어서 어떻게든 누군가를 이기는 것에 집중했고 그렇게 하지 못한다면 배움에 대한 재미 자체를 잃어버렸다. 난 선택을 해야 했다. 그리고 다행히도 나의 선택은 내 행복이었다. 배움에 대한 갈망은 계속 이어나가되 누군가를 이겨야 한다는 욕구는 절대 따르지 말자는 결단을 했다. 그리고서 나의 삶의 질은 극도로 좋아지기 시작했다. 피가 날 정도로 내 살을 옥죄어 오던 사슬들이 풀어지고 난 자유의 몸이 되었다.

자유의 몸이 되었다고 하지만 사실 내 손목에는 아직도 수갑이 채워져 있다. 때로 나보다 잘나 보이는 사람을 발견할 때면 수갑의 차가움이 느껴진다. 질투심과 열등감이 밀려들어온다. 나보다 더 잘나가는 모습을 보면 배가 아파오기 시작하고 피가 거꾸로 솟는다. 최근 유튜브 활동을 집중적으로 하다 보니 다른 유튜버들을 볼 때 이런 감정을 느낀다. 갑자기 급성장하는 유튜브 채널을 보면 슬며시 배가 아파온다. 하지만 다행인 것은 이제는 이런 감정을 느끼더라도 나 자신을 그 감정의 노예로 만들지 않는다는 것이다.

이렇게 열등감이 밀려들어 올 때 행하는 두 가지 원칙이 있다. 첫 번째 방법은 신경 끄기다. 유튜브에는 특정 채널 영상이 내 계정에 뜨지 않도록 할 수 있는 기능이 있다. 이걸 사용하면 더 이상 그 채널 영상은 나에게 추천되지 않는다. 다른 유튜버 조회수 올려주는 일은 하지 않겠다고 이 기능을 사용하는 걸까? 아니다. 난 나를 위해서 사용한다. 괜히 배 아파하면서 '미움의 감정, 질투의 감정'을 불러일으키는 나를 막아 세우기 위함이다. 질투심이 일어나는 나를 증오하기보다는 이런 감정을 느끼는 것도 자연스러운 것이라 인정하고 더 이상 이런 감정을 나의 성장을 가로막지 않도록 신경을 꺼버리는 것이다. 이런 상황뿐만 아니라 우리의 일상도 똑같다. 괜히 눈앞에 보여서 나의 성장에 악영향을 주는 존재가 있다면 내가 먼저 시선을 돌리면 그만이다. 그 사람은 그 사람 인생이 있으니 잘 살게 두면 된다.

두 번째 방법은 아군 만들기다. 첫 번째 방법보다 조금 더 어려운 방법이지만 이 방법은 첫 번째 방법보다 나를 더욱 성장시킬 수 있는 길이다. 나보다 앞서가는 사람들을 봤을 때 배 아프고 질투가 난다는 건 무얼 뜻하는 걸까? 이 사람을 나의 적군으로 인식하고 있다는 것이다. 타인을 아군과 적군으로 분류하는 건 동물이 가진 기본적인 반응이고 상대를 적군으로 본다는 것은, 이 사람이 나에게 위협이 된다는 생각이 내 사고 기저에 깔려 있는 상태라는 말이다. 경쟁에서 뒤처지면 자신에게 불이익이 주어질 것이라는 생각이다. 만약 우리가 원시시대를 살고 있고 숲에서 서로 무기를 든 상태로 마주쳤다고 상상해보자. 서로가 무기를 들고 있는 상태인데 이 사람을 아군이라고 생각할 수 있을까? 당연히 적군으로 분류하고 경계하는 것이 훨씬 안전에 더 도움이 될 것이다. 상대가 무기를 들고 있는데 해맑게 웃으면서 악수를 청하다가 죽을 수도 있으니 말이다.

하지만 현대에서도 같은 뇌의 사고체계를 가지고 있는 우리가 나보다 앞서가는 모든 사람들을 적군으로 분류하고 뇌의 경보계를 켜는 것은 정말 비효율적인 일이 된다. 어떻게 하면 이 사람을 아군으로 만들 수 있을까? 반드시 찾아가서 친구 삼을 필요까진 없다. 지금 우리의 목적은 나의 경보계를 꺼서 내 안의 질투심과 열등감을 없애는 것이다. 그러므로 이 사람을 나의 아군이라고 마음으로만 생각해줘도 도움이 된다. '이 사람이 잘 되었으면 좋겠어, 난 이 사람을 축복해.' 라는 생각만으로도 나의 마음 상태에 도움이 된다. 이 사람이 뭔가 잘할 때마다 진심으로 칭찬해주고(마음속으로 할지라도), 더 잘 되었으면 좋겠다고 축복해주는 것이다. 이타적으로 바뀌어 성인군자가 되자는 것이 아니다. 이기적으로 나의 마음상태를 위해서라도 상대를 축복해줄 필요가 있다는 것이다. 이런 마음상태만 되더라도 열등감의 소용돌이에서 벗어날 수 있다. 물론 도저히 얄미워 죽을 것 같아서 축복해주는 것이 잘 안 된다면 첫 번째 방법, 신경 *끄*기를 사용하면 된다.

때로 남을 이기려는 도전정신이 실천의 좋은 동기가 될 수도 있다는 것을 우리는 안다. 하지만 그것이 과해진다면 내면의 진정한 삶의 목표를 잃어버릴 수 있다는 점을 기억해야 한다. 타인과의 경쟁을 위한 '열정'은 양날의 검이다. 순간적 독기를 발휘하여 성장은 할 수 있을지언정 그 안에서 진정한 창의성을 기대하긴 힘들 것이다. 난 지금도 내 안에 잘 나가는 사람을 질투하는 마음이 있다는 것을 느낀다. 하지만 그런 감정들을 인지할 때마다 이런 감정들이 내 앞길을 좌지우지 해선 안된다고 되새긴다. 이 세상의 유일한 비교대상은 오직 어제의 나뿐이다.

동료나 선배보다 나은 자가 되려고 애쓰지 말라.
자신보다 나은 자가 되려고 노력하라.

윌리엄 포크너William Faulkner

진짜 자존감
높이는 법

오랜 시간동안 자존감에 대한 이야기가 크게 주목받고 있다. 자존감에 관한 서적들이 베스트셀러에 오르고 각종 매체에서도 자존감 올리는 방법에 대해 자주 다루곤 한다. 그리고 이런 이야기들을 들어보면 자존감 회복이 꼭 만병통치약인 것처럼 선전하는 것을 볼 수 있다. 자존감의 부재가 학생들의 학교생활을 소극적으로 만들고 그것이 곧 성적 하락의 주요원인이며 자존감만 회복한다면 더 적극적으로 학업에 임해서 성적 또한 좋아질 것이란 것이다. 또 직장인들에게도 자존감을 높이면 직장 생활 능률이 더욱 높아질 것이라고 이야기한다.

자연스러운 사고패턴인 것 같다. 자존감이 높으면 작은 행동을 하더라도 더 자신감 있게 할 것이고 학교에서든 직장에서든 자신감 있게 발표하고 보고하는 사람이 더 사랑받을 것이라는 생각을 하게 된다. 또한 타인과의 관계 속에서 불화가 일더라도 자존감이 높은 사람들은 남의 평가나 비판에도 강한 내성을 가져서 어느 때든 굴하지 않고 노력할 것이란 생각이 든다. 그래서 우리는 어떻게 하면 자존감을 높일 수 있을지, 자존감을 낮추는 요인은 무엇인지에 초점을 맞추곤 한다. 연료탱크에 자존감이라는 연료를 가득 채우면 무엇이든 다 잘 할 수 있을 것이란 믿음을 가진다.

그래서 많은 사람들이 여러 자존감 처방전을 따른다. '넌 최고야.', '넌 무엇이든 할 수 있어.' 같은 긍정적인 말들로 보듬는 것이다. 나도 한때는 이런 무한 자기사랑 훈련에 열심히 빠져 있던 적이 있었다. 매일 거울을 보며 '넌 최고야.', '넌 사랑받아 마땅해.' 이런 말들을 해주는 것이다.

처음에는 이런 훈련이 너무도 좋았다. 달콤한 사탕처럼 달달하게 내 온몸을 감싸 주었고 무엇이든 할 수 있을 것 같은 자신감을 불어넣어 주었다. 근데 오래 가지 못하고 이 행동을 그만둔 이유는 이런 훈련들이 나의 순간적 감정은 좋게 만들어주었지만 그것은 잠깐의 감정일 뿐 진정으로 나를 강하게 만들어주진 못했기 때문이다. 혼자서 이런 훈련을 할 때면 세상에선 어느 누구도 나를 짓누를 수 없을 것 같은 자신감이 샘솟았지만 뒤돌아서서 다시 사회의 관계 속으로 들어가게 되면 그런 고양된 감정은 언제 있었냐는 듯 자취를 감추어 버렸다.

나중에야 알게 되었다. 이런 훈련은 순간적인 감정을 다스리는 데는 어느 정도 도움이 되지만 진짜 자존감을 높이는 데는 큰 도움이 되지 않는다는 것을. 그때의 나는 근거 없는 칭찬으로 가짜 자존감을 키운 것이었다.

육아 교육에서도 아이에게 근거 없는 칭찬을 하는 걸 조심해야 한다고 말한다. 많은 부모들이 아이들에게 '넌 최고야, 넌 특별해.'라는 말들을 해주는 게 아이의 바른 성장에 도움이 된다고 여긴다. 하지만 이런 말들은 오히려 아이들에게 노력에 대한 중요성을 간과하게 한다. 특권이나 재능을 가지고 태어났으니 노력은 덜해도 무엇이든 잘 할 수 있다는 생각을 심어주는 것이다. 아이가 노력에 대한 가치를 알기 위해서는 근거 있는 칭찬을 받아야 한다. 어떤 노력을 했는지에 대한 구체적인 칭찬을 받아야 그 노력에 대한 중요성도 인지하고 성취감과 재미도 느끼게 된다. 근거 없는 과도한 칭찬은 약보다는 오히려 독이 되는 것이다.

신체는 어른으로 성장할지라도 우리 각자에게는 내면 아이가 존재한다. 이 내면아이에게, 그저 아무런 근거 없이 '넌 특별해', '넌 잘할 거야.' 라는 칭찬을 반복하는 건 그 순간만을 넘기는 항우울제밖에 되지 않는다. 우울한 원인과 증상을 제대로 알아보지도 않고 그저 우울하다고 하는 사람 모두에게 약으로 처방을 해버리면 그 사람의 인생을 오히려 더 망치는 일이 될 것이다. 우울한 이유, 본질적 이유에 접근하지 않고, 그저 약으로 신경을 억제해 버리는 것은 단기 처방에 불과하다.(물론 약물적 처방 또한 우울증 회복에 중요한 요소다.) 속에서부터 곪아 터지고 있다면 밖에다가 소독약만 뿌릴 것이 아니라 안팎으로 함께 처방이 있어야 한다.

현대 사회의 이 자존감 문제는 진짜 자존감이 너무 바닥이어서 아무 행동도 할 의지가 없는 사람뿐만 아니라, 자존감에 대해 심각하게 생각해보지 않은 사람까지도 같이 옭아매고 있다. '자존감'이 없어서 성공을 못하는 거래. 성공한 사람들은 자존감이 높아서래. 이런 생각을 하며 자존감을 높이고 싶어 한다. 단기 처방으로 근거 없는 자존감을 올리는 데만 급급해선 안 된다. 근거 있는 자존감, 진짜 자존감을 올려야 한다.

그렇다면 진짜 자존감은 어떻게 생겨나는 것일까?

성공한 사람들을 보면 자존감이 높다. 그런데 그 사람들은 자존감이 높아서 성공할 수 있었을까? 아니면 성공했기 때문에 자존감이 높은 것일까? 또 성적이 좋은 사람들과 자존감의 관계를 보면 연관성이 있는 게 사실이다. 근데 그 사람들이 자존감이 높아서 성적이 높아진 것일까? 아니면 성적이 높아졌기 때문에 자존감이 높아진 것일까?

당연히 후자의 사례가 훨씬 많을 것이다. 성적이 낮은 학생들은 어느 누구보다도 자신이 성적이 낮다는 사실을 잘 알고 있다. 아무리 성적에 관한 자신감을 키워주려고 해도 자신 스스로가 믿지 못 하는데 어떻게 믿게 할 수 있겠는가? 성적에 관한 자존감을 높이기 위해선 먼저 눈앞의 유의미한 성적 증가가 있어야 한다. 눈앞에 보이는 결과물을 보면서 성적에 관한 칭찬도 듣게 되면 당연히 공부에 대한 자신감과 노력에는 보상이 따른다는 믿음을 가지게 된다.

자존감을 높인 다음 성공을 얻겠다는 접근이 잘못되었다는 것이다. 자존감을 어떻게든 가득 채워 놓은 상태에서 인생의 굴곡을 헤쳐 나가겠다는 시도를 하는 게 아니라 인생의 작은 굴곡을 어떻게든 헤쳐 나가는 과정 속에서 작은 성취감을 얻고 그 성취감이 자연스레 자존감을 상승시키는 것이다. 이게 진짜 자존감이다.

자존감을 올리기 위해선 달콤한 말과 위로가 아니라 지금 당장 행동을 통해서 유의미한 성장을 이끌어내는 것이 중요하다. 외국어공부든, 자격증 따기든, 독서를 통한 의식 성장이든, 운동을 하든, 무엇이든 하면서 작은 성취를 맛보아야 한다. 이런 눈앞에 보이는 성취가 스스로에게 적극적으로 칭찬할 만한 마땅한 근거가 된다.

그리고 이런 근거가 확실한 순간엔 조금 더 의도적으로 잘 칭찬해 주는 게 중요하다. 이런 칭찬은 아무런 이유 없이 하는 칭찬과는 질적으로 다른 칭찬이다. 이 칭찬의 과정이 생략되면 행동을 통해 유의미한 성장을 하면서도 성취감을 느끼기 힘들다. 아직도 멀리 있는 목표에서 한참이나 떨어져 있기 때문에 자존감이 올라가질 못한다. 작은 성취를 이룰 때마다 근거 있는 칭찬은 충분히 많이 해주어도 괜찮다.

감명 깊게 본 영화 중에 <위대한 쇼맨>이라는 영화가 있다. 사회의 홀대를 받는 자존감이 바닥인 사람들이 어떤 식으로 자존감을 찾게 되는지의 과정을 볼 수 있다. <This is

me>라는 노래를 통해서 그들의 자존감이 극대화되는 장면은 압권이었다. 그들은 자신들의 장기를 활용해서 멋진 공연을 한다. 그리고 그 성취를 통해서 자신들 또한 사랑받기 합당한 존재라는 것을 알게 된다. 그러면서 서서히 자신 스스로를 소중하게 여기는 법도 배워 나가게 된다.

　무작정 '당신은 할 수 있습니다.', '당신은 소중합니다.'라는 이야기는 큰 설득력이 없다. 만약 그런 아름다운 말들로만 사람들을 변화시키려고 한다면 이 사회는 벌써 성공한 사람들로만 가득 찼을 것이다. 무작정 스스로를 보듬기보다 자신에게 근거 있는 칭찬을 해주면서 진짜 자존감을 높이면 좋을 것 같다. 그리고 근거 있는 칭찬을 하기 위해서 지금 당장 아주 작은 시도를 해보았으면 좋겠다.

자기 자신이 누군지도 모른 채,
우리는 자꾸만 남처럼 되고 싶어 한다.

해야 하는 일
과
좋아하는 일

성장 관련 강의나 상담을 진행하다 보면 인생 진로에 관한 질문을 자주 받는다. 특히 '해야 하는 일'을 해야 할지, 아니면 '좋아하는 일'을 해야 할지에 대한 질문이 자주 들어온다. 살다보면 나이와 상관없이 어떻게 살아야 할지에 관한 고민이 커지는 시기가 있다. 시대를 막론하고 인간이라면 모두가 거치는 과정인 것 같다.

누구나 이 질문의 시기를 맞이하지만 어떤 이들은 머리 아프게 하는 이런 질문들을 싫어한다. 쓸데없이 고민하지 말고 지금 당장 할 수 있는 것이나 하자며 자신에게 틈을 주지 않는다. 물론 인생의 결과물을 만드는 것은 행동이라는 점에서 그 행동력에 박수쳐 주고 싶다. 하지만 자신에 대해서, 그리고 자신이 발붙이고 있는 이 세계에 대해서 사유해보지 않은 행동들은 주춧돌 없이 건물을 짓는 것처럼 쉽게 무너질 수 있다.

어디로 나아갈지 알지 못하는 노력들은 자신을 어디로 데리고 갈지도 모른다. 자신의 삶에 대해 적극적으로 고민하는 이러한 질문은 자신의 삶에 무작정 이끌려가는 것이 아니라 스스로 통제하고 싶은 열망이 있다는 증거이기 때문에 소중하다. 이러한 인생의 질문에 자기 나름대로의 답을 찾아가는 사람이 더 진중한 삶을 살아가는 게 아닐까 생각한다.

'해야 하는 일'을 해야 할까? '좋아하는 일'을 해야 할까? 사실 이 질문부터가 조금 문제가 있다고 생각한다. 좋아하는 일이 해야 하는 일이 될 순 없을까? 반대로 해야 하는 일이 좋아하는 일이 될 수는 없을까? '해야 하는 일'이 무엇이고 '좋아하는 일'이 무엇인지 정의해보자. 아마도 이 질문을 한 사람은 현재 상황에서 이 두 가지 일이 완전히 다른 성격의 일일 것이다. '해야 하는 일'은 지금 당장 하지 않으면 재정적으로 문제가 생기는 일이면서 재미없고 힘든 일일 것이고, '좋아하는 일'은 당장 재정적으로 도움은 되지 않지만 남들이 시키지 않아도 스스로 찾아서 하는 즐거운 일일 것이다.

　이 두 가지 일의 특성 중에서 가장 중요한 것은 '돈'의 여부일 것이다. '그놈의 돈'이 벌리느냐 안 벌리느냐에 따라 이 고민이 시작된다. 돈 문제는 매우 중요한 문제다. 우리 인간은 이 자연에 던져졌을 때부터 먹고 자고 입는 문제를 평생 짊어지고 가야 할 존재이고 타인에게 의존하지 않는 독립적인 존재가 되려면 최소한 자신의 생계는 자신이 책임져야 한다. 자신의 생계, 즉 먹고 자는 문제가 해결되면 사랑이든 연대든 자아실현이든 더 큰 욕구를 좇게 되는 것이 인간이다. 그리고 이런 본성을 충족시켜가는 활동들 속에서 '돈'이라는 것은 필연적으로 필요하게 마련이다.

　결국 최소한 생계에 있어서의 '돈' 문제를 해결하는 것이 자신이 가고 싶은 길을 '선택'할 수 있는 힘을 제공한다. 돈 이야기를 많이 하는 것이 좀 씁쓸하지만 인생을 스스로가 원하는 대로 잘 경영해 나가려면 지금 당장 내가 맞닥뜨린 현실을 부정해선 안 된다. 평생을 돈만 바라보며 살아가선 안 되겠지만 돈이 자신에게 어떤 도움을 줄 수 있는지, 얼마만큼의 중요성을 가지고 있는지는 명확히 알아야 한다.

모든 사람이 '좋아하는 일'을 직업으로 삼아 살아가고 싶어 한다. 나 또한 어차피 한 번 살 인생 좋아하는 것을 하면서 살아가야 한다고 생각한다. 하지만 많은 사람들에게 그것이 희망으로만 남아 있는 이유는 그 좋아하는 일이 돈이 되지 않아서일 것이다.

지금 이 순간 이 글과 함께 하는 당신이 '내 삶은 좋아하는 일을 하며 살아갈 것이다.'라고 결단했으면 좋겠다. 단순히 희망만으로 그치고 '나도 한때 그런 꿈을 품었었는데.' 하며 꿈꾸듯이 그때를 추억하는 게 아니라, 희망을, 꿈을 자신의 삶에 실현시키는 사람이 되었으면 좋겠다. 그리고 그런 자신이 원하는 삶에 한 걸음 다가가기 위해선 '좋아하는 일을 하면서 어떻게 돈을 벌 수 있을지' 연구해나가야 한다. 지금 당장 '해야 하는 일'을 해야 할 지, '좋아하는 일'을 해야 할지 고민하는 이유는 지금 스스로 닫힌 사고를 하고 있기 때문이다. '좋아하는 일'은 돈 벌 수 없는 일이라고, '해야 하는 일'만이 쉽게 돈 벌 수 있는 길이라고 여기고 있기 때문이다. 즉 자신의 성장 가능성을 스스로 닫아 버리고 쉬운 길을 바라보고 있는 것이다. 당신이 좋아하는 일을 하며 살면 좋겠다고 했지만 그 길이 '쉬울 것'이라고 말하진 않았다. 선택에는 책임이 따른다. 좋아하는 일을 선택했으면 그 일을 잘하는 일로 바꾸는데 따르는 고통을 감내할 용기가 있어야 한다. 그런 용기가 나지 않는다면 그 일을 진정으로 좋아하는 것이 맞는지 묻고 싶다. 좋아하는 일을 하고 싶다고 생각하는 게 아니라 그저 편한 삶을 살길 원하는 건 아닌지 자기 자신에게 되물어야 한다. 돈을 벌기 위해선 '가치'를 창출해야 한다. 사회에 가치를 제공하고 그것을 돈으로 돌려받는 것이다. 그리고 그런 가치를 제공하기 위해서는 단순히 내가 좋아하는 수준을 넘어서서 사회가 내가 좋아하는 일을 통해 어떤 가치를 원하는지를 알아야 한다. 그림 그리기를 하면서 살고 싶은 사람은 사회에 좋은 그림을 내어 놓아야 한다. 작곡가라면 좋은 음악, 운동선수라면 월등한 운동 능력이라는 가치를 사회에 제공해야 한다. 개인의 사소한 취미를 보여주는 유튜버가 되더라도 좋은 기획력으로 좋은 영상을 제공해야 한다. 좋아하는 일, 재미있어하는 일을 하더라도 그걸 사회가 인정해주는 수준까지 만들려면 당연히 고통이 따른다. 그리고 이런 고통들은 '해야 하는 일'들을 추구하면서도 충분히 느끼는 일이다.

그렇다면 처음 질문으로 돌아와서 해야 하는 일과 좋아하는 일 둘 중 어떤 걸 선택해야 할까? 선택은 본인의 몫이겠지만, 확실한 것은 둘 중 어떤 선택을 하든 '고통'은 따른다는 것이다. 앞서 말했듯 좋아하는 삶을 선택하는 것이 '편한 삶'이라고 생각하면 안 된다. 어쩔 수 없이 해야만 하는 일을 할 때도 힘들고, 좋아하는 일을 할 때도 힘이 들며, 결론적으로 둘 다 힘들다. 하지만 '좋아하는 일'을 할 때의 고통은 해야만 해서 억지로 하는 고통과는 본질적으로 다르다. 그것은 견뎌보고 싶은 고통이다. 견디면서도 희열을 느끼는 고통이다. 내가 스스로 선택했고 내가 좋아하는 일을 위해 들이는 성장통이라는 것을 알기 때문이다.

'좋아하는 일'을 통해서 한달에 10만원이라도 수익을 벌어보는 방법을 찾아보자. 10만원을 만들었다면 점차 실력이 쌓이면서 100만원도 될 수 있다. 자신이 좋아하는 일이 시장에서 거래 가능한 기술이 되고 점차 수익을 늘려 나간다면 지금 당장 어쩔 수 없이 해야만 하는 일의 비중을 조금씩 줄여 나갈 수 있다. 나도 이 작은 원리를 내 삶에서 만들어내기 위해 지금도 한걸음씩 시도하고 있다. 삶이 팍팍해 여유시간이 단 1시간밖에 생기지 않는다고 해도 괜찮다. 그 1시간이라는 씨앗을 매일 심는 것이다. 적절한 환경 조건이 되었을 때 내가 심은 씨앗이 새싹이 되고 큰 나무로 자라날 것이고 그 나무가 나에게 시간을 벌어다 줄 것이다.

인간은 대부분 고착화된 의식구조를 신앙으로 삼아 살아가고 있다. 그것이 옳은 것이라 믿고 있기에 그 의식구조야말로 자신의 신이다. 이 종교의 발현은 이런 믿음이 발전되어 공유되어 만들어진 공유 의식구조인 것이다. 진리가 존재할지라도 그 진리를 해석하는 것은 개인이며 그 개인은 자신만의 신을 새롭게 창조한다.

지혜로운 사람은 이 의식구조, 즉 자신의 믿음 체계를 매일 부정하고 새로운 깨달음을 얻으며 자신의 사고방식을 확장시켜 나아간다. 잘못된 것은 갈아엎어 버리고 더 견고하고 깨끗한 의식적 체계를 잡아가는 것이다.

하지만 그 의식체계가 더 견고할지라도 더 깨끗할지라도 진짜 지혜로운 사람은 더 강한 깨달음, 더 강한 겸손함으로 자신의 의식을 다시 한번 뒤엎는다. 결국 그에게는 진정한 신앙이란 존재할 수가 없다. 계속 흐르는 존재이기에 어딘가에 고일 수 없다. 매일이 그런 깨달음의 연속이고, 성장이다.

나도 그렇게 살아가고 싶다. 내가 가지고 있는 생각을 의심하며 겸손하게 지혜와 지식을 탐구하며 살아가고 싶다.

자신의
강점을
찾는 방법

사람들은 다른 사람들의 약점에 지나치게 집착하는 경향이 있다. 잘하는 점을 보면 배 아프다. 못하는 점을 봐야 뭔가 숨을 쉬며 살 것 같다. 그래서 다른 사람의 약점은 수다의 좋은 재료가 되기도 한다. 없으면 어떻게든 캐내야 한다. 근데 이런 성향 때문에 우린 우리 자신의 약점을 부끄러워하고 다른 사람들이 이것을 알게 될까 봐 두려워한다.

우리는 우리의 성과를 좌우하는 것이 약점 때문이라고 인식한다. 학교 다닐 때부터 우린 자연스럽게 약점을 보는 훈련을 한다. 예를 들어 국어, 영어, 수학 이렇게 세 과목 시험을 친다고 하자. 국어와 영어는 100점이고 수학은 50점이다. 그러면 당연히 국어, 영어는 제쳐 두고 일단 수학 점수를 올리는데 더 치중을 할 것이다. 지금 이 순간 앞길을 가로막는 것은 수학이다. 이런 관점은 우리가 사회에 나와서도 유지된다. 혼자서 하는 업무는 매우 잘 해내는데 누군가와 소통하면서는 업무를 잘 못하는 사람이 있다. 보통 이런 경우엔 그가 잘 해낸 업무를 더 칭찬받고 혼자 할 수 있는 업무를 배정받기보다는 소통 능력의 부재에 대한 약점이 더 부각된다. 명시적으로든 암묵적으로든 그 약점을 보완하기를 강요받는다. 스스로도 이런 약점 때문에 고통받고 어떻게든 해결하려고 발버둥 친다.

나 또한 이런 약점에 많은 고통을 받았다. 유튜브 채널을 운영하는 걸 보고 많은 사람들이 내가 외향적이라고 오해를 하지만 난 지극히 내향적인 사람이다. 혼자 하는 활동을 훨씬 좋아하고 혼자 있으면서 에너지를 채운다. 반면 사람들과 함께 있을 때는 에너지가 급격히 소모되며 어서 빨리 이 자리를 벗어나서 혼자서 시간을 보내고 싶다고 머릿속으로 되뇐다. 이런 내가 중국어 가이드로 일하며 손님들을 안내하는 일들을 하며 20대를 보냈던 것 자체가 신기하기만 하다.

그때는 돈 버는 게 최고라고 여겼기 때문에 어떻게든 나의 약점을 보완해서 참고 버티는 게 최고라고 여겼다. 식당에 전화하는 것조차 힘들어할 정도로 소심하고 상대방의 반응을 살피는 이런 성향은 나의 약점이어서 어떻게든 해결해야 할 문제라고 여겼다. 그리고 위대한 사람들은 이러한 자신의 약점을 해결해 어떤 면이든 부족함이 없게 된 존재라고 생각했다. 하지만 나중에 알게 된 사실은 정반대였다. 자신의 분야에서 성공한 많은 사람들이 오히려 이런 약점을 개선하는 사고방식이 아니라 자신의 강점에 집중해서, 자신이 진짜 편하고, 잘 할 수 있는 것을 더 전문적으로 계발해왔다는 것이다.

우리가 학교에서 공부를 할 때는 한 과목을 아무리 잘해봐야 100점이지만, 사회에서는 다르다. 하나의 재능이 1,000점이 될 수도 있고 10,000점이 될 수도 있다. 이것저것 전부 100점을 만들려 하기보다, 자신이 잘 할 수 있는 강점을 10,000점으로 만드는 것이 현실에서는 더 부각될 수 있다. 자신이 잘 못하는 분야는 그것을 특별히 잘하는 사람과 같이 협력하면 된다. 우리 사회는 똑같은 사람들이 똑같은 일만 했기 때문에 발전한 것이 아니다. 각자의 강점들이 다양하고 다채롭게 발현되었기에 더 발전된 문명을 이룩해 왔다.

우리가 먹는 쌀이 밥상에 올라오기까지 얼마나 많은 과정을 거칠까? 볍씨를 고르고, 논을 갈고, 모내기를 하고, 추수를 하는 농부들이 하는 과정이 있고 골라낸 쌀을 전국으로 보내려면 도매 유통업자를 거치게 된다. 도매로 유통된 쌀을 우리 손으로 받아보려면 우리 근처의 가게를 또 거쳐야 한다. 우리 밥상에 올라가는 쌀 하나만 해도 정말 수많은 사람들의 손길을 거친다. 자급자족으로 혼자서 벼농사를 짓는다고 상상해 보자. 땅을 사는 것만으로 끝나는 것이 아니라, 농사에 대한 전문지식도 익혀야 한다. 먹을 수 있게끔 쌀을 만들어 내기까지의 과정을 스스로가 쉽게 감당할 수가 있을까? 한다면 할 수야 있겠지만 매우 비효율적이고 완성도도 높지 않을 것이다.

개개인의 강점 또한 쌀이 밥상에 오는 과정과 비슷하다. 우린 자신의 강점을 알고 그 강점에 집중해야 한다. 물론 약점 자체를 그냥 무시해도 된다는 이야기는 아니다. 상황에 따라서 어느 정도의 약점보완도 필요하다. 하지만 요지는, 자신의 강점을 찾고, 그 강점을 잘 계발하는 것이 얼마나 중요한지 알아야 한다는 것이다.

그렇다면 강점은 무엇일까? 많은 사람들이 '강점'에 대해 오해하는 부분이 있다. 자신이 연습을 통해 얻은 지식과 기술, 직업 그 자체를 강점으로 오해를 한다. 지금 당장 나에게 돈을 벌어다 주는 일이 '강점'이라 여긴다. 물론 '지식'과 '기술'도 무시할 수 없는 요소이긴 하지만 강점의 본질은 아니다. 우리가 찾아야 하고 계발해야 할 강점은 그 지식과 기술을 있게 하는 본질적인 '성향'이다.

예를 들어 상담하는 일을 정말 잘하는 사람이 있다. 그 사람의 강점은 '상담' 그 자체일까? 아니다. 상담을 잘하기 위해선 '경청능력', '공감능력', '커뮤니케이션 능력', '상담자 정보 관리의 꼼꼼함' 등 여러 가지 능력들이 필요할 것이다. 이런 것들을 총체적으로 잘했기 때문에 상담을 잘 해낼 수 있다. 이렇게 한 가지 일 안에서도 그 일에 필요한 여러 성향들이 존재한다. 따라서 단순히 어떤 직업이나 기술 그 자체가 나에게 잘 맞을까를 생각하기보다, 내가 가진 성향은 어떤 것들이 있고 그 성향들이 잘 어우러진 직업은 어떤 것이 있는지 알아보며 자신의 강점을 계발해 나가야 한다.

도널드 클리프턴의 책 <위대한 나의 발견 강점혁명>이라는 책을 읽으며 이 강점을 알아가는 것의 중요성을 알게 되었다. 그리고 난 나의 강점이 어떤 것인지 조금 더 명확하게 알게 되었다. 난 수집하는 걸 좋아한다. 그리고 지적으로 사고하는 것을 좋아한다. 이 두 가지 성향을 확인하니 내가 왜 그토록 독서와 글쓰기를 좋아했는지를 명확히 알 수 있었다. 난 새로운 지식들을 익히며 지적 사고하는 것을 좋아하고 더 나아가 이 지식들을 나의 정보로 수집하는 것을 좋아한다. 내가 좋아하는 것, 즉 나의 성향을 파악하고 나니 앞으로 내가 할 수 있는 강점 분야도 더 확실히 알게 되었다. 나에게 약한 부분을 보완하려 하는 태도를 최소화했다. 이미 가지고 있는 이 강점들에 더 많은 시간을 들여서 이를 통해 재정적인 안정을 갖출 수 있도록 앞으로의 길을 설계했다.

우린 살아가면서 자신의 한계를 부수어 나가야 한다고 주문을 받는다. 맞다. 어제의 나보다 조금 더 성장한 오늘을 맞이하면서 우리는 성장해 간다. 하지만 남들보다 더 부족한 것들에 초점을 맞춘 성장이어선 안 된다. 자신의 한계를 부순다는 것은 자신의 부족한 점을 메워 남들처럼 닮아가는 것이 아니다. 내가 잘 할 수 있고 또 좋아하는 그 강점을 더욱 계발해 나가 어제보다 더욱 나다운 오늘을 만들어가는 것이다. 진정으로 나다울 수 있는 일을 발견하고 그 일에 나의 헌신을 쏟아 부을 때 나다운 내일이 기다리고 있을 것이다. 즐기는 사람을 이길 수는 없다.

인생에서 진짜 비극은
천재적인 재능을 타고나지 못한 것이 아니라,
이미 가지고 있는 강점을
제대로 활용하지 못하는 것이다.

벤저민 프랭클린

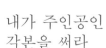

내가 주인공인
각본을 써라

영화에는 다양한 등장인물들이 존재한다. 그리고 그 등장인물들은 영화의 장르에 따라 각자의 역할을 가지고 있다. 만약 영화에 각본이 없다면 어떻게 될까? 연기자가 제대로 된 연기를 할 수 없을 것이다. 뭘 연기해야 하는지 모르니 연기 자체를 할 수 없다. 영화에서 각본은 필수다.

인생이 한 편의 영화와 같다면 우린 이 영화의 주인공이다. 나의 생각과 행동이 이 영화가 어떤 장르의 영화가 될지를 결정한다. 그렇기에 인생에서도 각본이 매우 중요하다. 삶의 각본이 없다면 이 삶을 어떻게 살아야 할지, 자신의 삶에 어떤 의미를 부여해야 할지 알 수 없다. 주인 없이 버려진 집은 몇 년만 지나도 폐가가 되는 것처럼 각본 없는 삶은 주인 없는 집과 같다. 스토리가 존재하지 않는 무의미한 장면의 연속일 뿐이다.

영화의 각본은 누가 만드는 것일까? 감독이다. 보통 우리는 영화를 보면서 주인공을 기억하지만 영화가 잘 만들어져 상을 받게 되면 그 상은 감독이 받는다. 연기자는 연기에 대한 상을 받을 뿐이다. 인생에서도 이 각본의 주인이 누구인가가 매우 중요하다. 인생에서는 감독 또한 나여야 하고, 주인공 또한 나여야 한다. 그렇기에 이 인생이 영화 만들기보다 더 어려운 일일지도 모르겠다. 감독도 해야 하고, 주인공의 연기에도 집중해야 하는 두 가지 일을 다 해야 하므로.

물론 영화도 그렇고 인생도 그렇고 설계한 그대로 이루어지는 경우는 거의 없다. 화창한 날씨가 필요한데 갑자기 소나기가 올 수 있다. 함께 연기하는 조연들이 장면을 망칠 수도 있다. 필요한 소품들을 준비하는 데 제작비가 부족할 수도 있다. 각 연기자의 개성에 따라서, 중간에 끼어드는 애드리브에 따라서 결과물이 달라질 수 있다.

하지만 각본의 존재와 그 주인이 누구인가는 매우 중요하다. 최소한 자신이 감독이라면 각본에 대한 전권을 가지고 있을 것이다. 설계한 나의 인생이야기를 바로 내가 주연이 되어 만들어 갈 수 있다. 촬영이 이어지며 스스로가 생각한 각본대로 진행되지 않는다면 자신의 연기에 변화를 줄 수 있다. 때에 따라서 각본 자체가 마음에 안 들면 각본도 과감히 변경할 수 있다.

사실 인생이란 것이 영화와 다른 점은 인생은 아무런 각본이 없어도 진행될 수 있다는 것이다. 아무런 목표 없이 방향도 모르고 표류한다고 해도 이 인생은 계속 진행된다. 핵심은 이것이다. 각본을 짠다고 인생이 그대로 진행되지는 않겠지만 그래도 각본이 반드시 필요하다는 것이다.

영화라는 하나의 창작물보다 인생이란 것은 더욱 길고 큰 무엇이다. 하지만 많은 사람들이 자신의 각본 없이 그냥 되는대로 살아가는 경우가 많다. 계획대로 되는 게 없으니 차라리 계획 자체를 포기한다. 그래도 열심히 살아가다 보면 각본 없는 멋진 영화를 만들 가능성도 있는 것이니까 이것도 나름 괜찮은 시도인 것처럼 보이기도 한다. 또한 우리 인생이란 것이 뭔가 꼭 위대한 성과를 이루어야 하고 꼭 엄청난 발전을 이루어야 하는 것도 아니니까 그렇게 살고자 하는 사람에게 삶의 설계를 강요하고 싶지는 않다.

하지만 정말 무서운 것은 자신이 쓴 각본이 없는 사람의 삶은 대부분 다른 사람들의 각본에 따라서 살아가게 된다는 것이다. 인간은 외따로 떨어진 무인도로 살아갈 수 없는 존재다. 가만히 숨만 쉬고 있어도 우리는 주위 환경과 긴밀한 영향을 주고받는다. 입고 있는 옷, 먹고 있는 밥 이것들 모두가 타인과의 관계를 통해 형성된 것들이다. 나만의 각본을 써서 주위에 영향을 줄 수도 있겠지만, 내가 타인의 각본에 휘둘리며 살아갈 수도 있다는 점을 간과해선 안 된다.

가족, 친지, 친구, 직장동료. 자신에게 영향을 주는 많은 사람들의 각본에 따라서 반사적으로 살아가다 보면 자신이 원하지 않았던 바로 그 결과로 가까워질 가능성이 크다. 좋은 성적 잘 맞아서 좋은 대학가면 학창시절은 성공이라는 생각은 어디서부터 나온 것일까? 좋은 회사에 취직하면 성공이라는 생각은 어디서부터 나온 것일까? 공무원 시험 합격하면 인생 성공이라는 생각은 어디서부터 나온 것일까? 대기업 취직하면 인생 후반부는 자연히 탄탄대로가 될 것이란 생각은 어디서부터 나온 것일까? 좋은 차, 널찍한 집을 가지면 성공이라는 생각은 어디서부터 나온 것일까? 돈 많이 벌어 부자 된다면 행복할 것이란 생각은 누구한테서부터 나온 것일까? 나의 삶을 지배하고 있는 이 수많은 생각들이 누구의 각본으로부터 나온 것일까? 우리는 자신의 사고를 점령하고 있는 나의 생각부터 의심해봐야 한다.

<트루먼 쇼>라는 유명한 영화가 있다. '트루먼'은 전 세계의 사람들이 자신을 TV로 보고 있는지도 모른 채 살아간다. 트루먼은 자신이 하고 싶은 대로 하면서 살아갈 뿐이다. 자신의 인생이 TV 프로그램 그 자체라는 것은 상상도 못 한다. 자신에겐 자유의지가 있고, 무엇이든 다 할 수 있다고 여긴다. 그러다 결국 깨닫게 된다. 모든 게 누군가의 각본으로부터 시작된 것이었다는 것을. 각본으로부터 전적인 영향을 받으며 이끌리고 유도되었음을 알게 된다. 한 마을 전체가 세트장이다. 마을에서의 모든 환경들이 자신이 이 세트장에서 벗어날 수 없도록 고안되어 있었으며 내면에 가지고 있는 외부세계에 대한 두려움 또한 각본대로 주입되었다.

이 시대의 우리가 이 트루먼과 같은 존재가 아닐까 생각해 본다. 각본 없이 '각본 없는 멋진 인생'은 만들어 지지 않는다. 이미 내가 살고 있는 이 세계가 타인들의 각본으로 유지되고 있기에, 내가 나만의 각본을 가지지 못한다면 난

나의 인생을 사는 게 아니라 다른 인생의 조연으로 그 역할을 다하며 살게 될 것이다. 조연 또한 영화에서의 아주 중요한 역할이고 그 영화에선 없어선 안 될 존재긴 하지만 나의 삶에서만큼은 주인공 역할을 양보하지 않았으면 좋겠다. 내 각본의 주인은 나여야 한다. 내 삶의 주인공은 내가 되어야 한다.

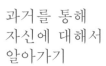

과거를 통해
자신에 대해서
알아가기

'난 무엇을 좋아할까?'에 대한 질문에 답을 하지 못하는 사람들이 많다. 자신이 무엇을 좋아하고 잘 할 수 있는지 모르는 것이다. 나도 그런 시절이 있었기에 어떤 마음인지 잘 알고 있다. 답답하기만 한 마음일 것이다. 그런 내가 나 자신에 대해 알 수 있게 된 방법이 있다.

<나는 무엇을 잘 할 수 있는가>(구본형 변화경영연구소, 2008)라는 책에서 알게 된 '산맥 타기'라는 방법이다. 이 방법을 알기 전까지만 해도 '과거'란 것은 삶에 전혀 도움이 되지 않는 것이라 여겼다. 지금 현재와 앞으로 살아나갈 미래에만 집중하면 되지, 과거에 연연하며 후회라는 감정으로 내 삶을 채워서는 안 된다고 생각했다. 물론이다. 돌이킬 수 없는 과거에 미련을 가지는 순간 현재의 삶은 최

악이 된다. 하지만 과거라는 재료를 내 미래를 살아가는 자양분으로 삼을 수 있다는 사실 또한 알아야 한다. 나라는 사람이 어떤 사람인지 탐구하는 데 연구 자료로 삼는 것이다.

자신이 걸어온 인생 전체를 그래프로 그려 본다. 가로축으로는 나이를 표시하고 세로축으로는 행복의 정도를 표시한다. 그리고 나이에 따라 자신의 감정 상태를 그래프로 그려가다 보면 위로 올라갔다 내려갔다 하는 산맥의 모습이 된다. 우리는 흔히 인생의 어떤 시점만 파편적으로 기억한다. 삶의 전체를 한눈에 바라보는 경우는 매우 드물다. 현재가 행복할 때는 과거의 모든 순간들이 행복했을 것이라 착각하고, 현재가 불행할 때는 내 모든 과거들도 다 불행했다고 여기게 된다. 정신없이 살아가다 보면 우린 인생의 대부분의 시간을 눈앞의 문제에만 시선을 고정한 채 살아가기 쉽다. 내 과거를 되새겨 보며 자신의 감정 그래프를 그려 보는 것은 창공의 독수리가 대지를 훑어보듯이 인생의 전체를 펼쳐 놓고 바라보게 해 준다.

이 세상의 모든 사람이 단순한 한 감정만으로 일관하며 살아오진 않았을 것이다. 감정적으로 힘들 때도 있고 즐겁고 행복한 감정이 충만할 때도 있다. 햇살처럼 삶이 빛난다고 느끼다가도 어느 날은 캄캄하고 어두운 골방 같다고 느낀다. 그래프가 위 아래로 왔다갔다 거린다. 굴곡 없는 인생이란 없다. 큰 어려움 없이 산 사람들에게도 그들만의 감정그래프는 존재한다. 우린 과거를 되새기는 이 과정을 통해서 힘들고 우울했을 때 왜 그런 감정상태였는지 확인할 수 있다. 반대로 행복하고 정말 가슴 뛰며 열정적이게 되었을 때는 도대체 무슨 이유로 그런 상태에 들어간 것인지 확인할 수 있다. 무엇을 싫어하고, 무엇을 좋아하는지 내면의 욕구를 알아가는 것이다.

단순히 현재의 감정과 생각에만 몰입하는 것은 현재의 한 점을 알아보는 것이고 자신이 걸어온 수많은 발자취를 추적하는 것은 이 한 점뿐만 아니라, 존재했던 수많은 점들을 알아가는 활동이다. 현재의 감정은 때로 자신을 속일 때가 많다. 하지만 과거의 감정 기억들을 찾아가는 행위는 상대적으로 조금 더 객관적이다. 물론 사람도 계속해서 변화하는 존재라서 과거를 온전한 나 자신이라고 바라보면 안되겠지만, 현재의 나를 만들어온 것이 과거의 모든 발자취들이기에 이런 과정을 해보는 것이 정말 큰 도움이 된다.

이 활동과 함께 반드시 해야 할 것은 '쓰는 것'이다. 그 래프의 각 지점에서 자신이 왜 행복했고, 왜 불행했는지 자신에 대한 탐구를 글로 정리해야 한다. 적지 않고 생각만으로 진행하면 오히려 수많은 기억들 속에 빠져서 머릿속이 더 엉망진창이 될 수 있다.

이 전체의 과정들을 진행하며 자신에 대해 알아야 할 것은 내면에서 꿈틀거리는 욕구다. 당장은 모호할 지라도 생각나는 대로 적으며 구체화시켜 가야 한다. 아주 작은 본연의 욕구를 발견해야 그것을 토대로 인생을 살아가며 이루고자 하는 목표와 방향을 설계해 볼 수 있다. 가장 찬란했던 순간과 지옥 같았던 순간들을 되돌아보면서 자신이 무엇을 좋아하고 무엇을 잘할 수 있는지에 대해 알아보는 시간이다.

어렸을 적 어려운 사람을 도와주고 나서 큰 보람과 행복감을 느꼈던 경험이 될 수도 있다. 시험성적이 오르거나 자격증을 얻고 행복했던 경험일 수도 있다. 친구들끼리의 싸움을 말리면서 기쁜 감정을 느꼈을 수 있다. 무대에서 장기자랑 하며 사람들의 주목을 받았을 때의 그 짜릿함이 될 수도 있다. 이렇게 여러 가지 찬란했던 순간들을 포착하고 기록하는 것이다. 또한 반대로 자신을 슬프게 하고 화나게 했던 순간들, 창피해서 쥐구멍에 숨고 싶었던 순간들도 포착해야 한다. 무엇을 좋아하는지 아는 것만큼 싫어하는 것이 무엇인지 아는 것도 중요하다.

이 각각의 경험들 안에는 자신에 관련된 모든 단서가 담겨 있다. 남들에게 봉사하길 좋아하는 사람, 가르치는 걸 좋아하는 사람, 문제 해결을 좋아하는 사람, 소통이 좋은 사람, 혼자서 하는 일을 좋아하는 사람. 자신이 어떤 존재인지 조금씩 알아가는 것이다.

난 이 활동을 통해 남들에게 무언가를 가르쳐주는 것을 좋아하고 영상물이든 문자로든 기록물을 남기는 것을 좋아한다는 걸 발견할 수 있었다. 그리고 발견한 이 원석들을 앞으로 어떻게 갈고닦아 나가야 할지도 조금 더 명확해졌다. 이 활동만으로 나를 100퍼센트 알게 되거나 앞으로의 삶의 방향을 명확히 정립하는 것은 허황된 희망일 것이다. 인생이란 것은 그렇게 단순하지 않으니까.

하지만 이런 나를 향한 탐구활동을 평생을 통해 계속해 나가는 사람은 자기 자신에 대해 더 잘 알고 어떤 일을 하며 살아가야 할지 조금 더 명확하게 알 수 있다. 또한 앞으로 조금씩 성장하고 변화해 나갈 스스로를 받아들일 수 있는 유연함 또한 가질 수 있게 된다. 지금 당장 연습장 하나 꺼내서 시간 여행을 떠나보자. 과거의 나에게 물어보자. 난 누구이고 어디로 향해 나아가야 할 사람인지.

2부

깊어지다

우리에겐 내면의 방이 존재한다.
그리고 그 방에 무엇을 채울지는 스스로 결정할 수 있다.
성장에 도움 되는 생각으로 내면의 방을 채우다 보면
자신의 과거는 더 이상 상처가 아니다.
그것은 앞으로의 나를 더욱 튼튼하게 만들어줄
훈련의 과정이다.

후회하는
버릇 끊어내는 법

수많은 후회 속에 나 자신을 가두어 왔다. 했으면 좋았을 일들과 하지 않았으면 좋았을 것 같은 행동들은 언제나 늦게 나를 찾아와 후회라는 감정을 안겨주었다. 왜 그땐 몰랐을까. 왜 그땐 그렇게 하지 못했지? 왜 아무도 알려주지 않았던 걸까.

고등학교 1학년 때였다. 당시 수학 선생님을 우리들은 매우 어려워했었는데 그분은 매우 특이한 분이셨다. 매를 들거나 말씀을 무섭게 하는 분은 아니었다. 그저 그 선생님의 분위기가 우리를 공포에 젖게 만들었는데 그분은 우리 앞에서 단 한 번도 웃지 않으셨다. 인간미가 전혀 느껴지지 않다고 할까. 말씀도 아주 조용히 하시면서도 교실 전체를 장악하는 묵직함이 있었다. 조는 학생이 있으면 아주 조용히 뚜벅뚜벅 걸어와 깨우고 그 조용한 음성으로 자는 이유에 대해서 조목조목 물어보신다. 그럴 때면 교실 전체는 공포에 물들곤 했다. 지금 생각해봐도 왜 그렇게 그 선생님을 무서워했을까 싶지만, 아마 학창시절 전혀 겪어보지 못한 성격유형이었기 때문에 우리들은 아예 적응조차 할 수 없었던 것 같다. 그래서 수학시간이면 교실은 살얼음판 같은 침묵 속에서 선생님의 조용한 목소리만 들리곤 했다.

그때 난 왜 하필 그 수학시간에 그런 장난을 칠 용기를 낼 수 있었던 걸까? 선생님이 한창 수업을 진행하고 계실 때였다. 우리에게 등을 보이며 칠판을 보일 때 나는 입을 다문 채로 "음—"하는 진동소리를 핸드폰 진동과 비슷하게 아주 작게 내보았다. 선생님이 뒤돌아보셨고 난 바로 소리를 멈췄다. 입을 다물고 내는 소리이기에 소리만 멈추면 아무런 동작이 보이지 않았다. 그리고 선생님이 다시 칠판에 판서를 시작하실 때 다시 "음—"하면서 목에서 진동소리를 냈다. 어차피 당시의 난 핸드폰이 없는 상태였고 '걸리더라도 절대 난 예외다.'라는 바보 같은 생각을 했던 것 같다.

선생님이 다시 돌아보셨다. 그리곤 말씀하셨다. "나와."
난 너무도 놀랐다. 난 최소한 선생님이 소리의 정체에 대해서 의문을 가지실 줄 알았다. 그런데 그냥 다짜고짜 나오라니. 내 머릿속에서 온갖 생각들이 왔다 갔다 토론을 벌였다. 선생님이 나인 걸 알고 계실까? 친구들은 내가 했다는 걸 알고 있을까? 그 소리가 목소리처럼 들렸던 걸까? 온갖 생각이 들었다. 패닉에 빠져 있을 때, 선생님의 입은 세 번째의 "나와."를 뱉어내고 있었다. 그리고 "전부 의자 들어, 나올 때까지 의자 든다." 이 말을 끝으로 우리의 수학 시간은 졸지에 체육 시간이 되었다.

그때 나갔으면 되었다. 그때만 나갔으면. 하지만 난 나가지 않았다. 무서웠다. 당시의 난 선생님들께 항상 잘 보이려 애쓰는 아이였다. 그래서 더욱 두려웠다. 친구들이 나인 걸 아는지 모르는지는 생각할 겨를도 없었다. 그저 선생님이 수업을 방해한 장본인이 나라는 걸 알게 되는 것, 그 자체가 너무 두려웠다. 그때의 나는 잘못된 행동에 대한 반성을 하기보다 나의 평판이 훨씬 중요한 아이였다. 그래서 버텼다. 나머지 수학시간 30분이 지나기까지 버텼다. 나중에 안 사실이지만 내 주변 자리의 아이들은 내가 범인이라는 걸 알고 있었지만 모른척 해주었다. 그렇게 30분을 버텼으니 난 그것으로 끝날 줄 알았다. 선생님은 '수업 끝' 하시면서 교무실로 돌아가셨고 우리들은 언제 폭풍이 왔냐는

듯이 천진난만한 쉬는 시간을 보냈다. 근데 폭풍이 아직 완전히 지나간 게 아니라는 것을 안 건 이틀 뒤였다.

다시 수학시간. 선생님은 들어 오시자마자 "의자 들어. 나올 때까지 의자 든다."라고 말씀하셨다. 학생들 모두 공포였다. 지난 시간 30분 의자 들었던 것도 힘들었는데 이제는 50분을 연속으로 들어야 한다니. 하지만 그 중에서도 가장 공포감에 휩싸였던 것은 나였다. 난 그때 의자 드는 게 전혀 힘들지 않았다. 내 머릿속은 그동안 겪어보지 못한 공포감으로 가득 찼다. 어렸을 적 동네 무서운 형들 사이에 불려갔을 때보다 더 무서웠다. 사건은 커질 대로 커져버렸고 이제는 절대 나라는 걸 걸리면 안 된다는 생각뿐이었다.

이 순간을 어떻게 타파해야 할지 돌아가지 않는 머리를 굴릴 뿐이었다. 선생님은 "반장이 범인 누군지 나오면 교무실로 데리고 와."라고 하셨다. 선생님이 먼저 자리를 뜨시고 친구들끼리만 남았지만 나는 내가 범인이라고 자수하지 않았다. 그때 나는 빨리 이 사건이 일단락 되었으면 좋겠다는 비겁한 생각을 하면서도 진짜 범인이 누군지는 밝혀지면 안 된다 여겼다. 차라리 선생님이 포기하시길 바랐다.

20분이 지나도 안 나오자 한 친구가 "내가 했다!" 하면서 교무실로 갔다. 차라리 자신이 희생하고 반 전체 애들을 구할 생각을 한 것이다. 난 너무도 부끄러웠다. 진짜 범인은 이렇게 숨어서 나오지 않고 있는데 아무 상관없는 친구가 교무실로 가다니. 돌이켜보면 그때 난 부끄러움보다 안심을 했던 것도 같다. 그 정도로 나 비겁했다. 사건은 이렇게 마무리될 것이라 여겼지만 그 친구는 터덜터덜 돌아와선 "선생님이 나 아닌 거 아셔. 진짜 범인 나오래."라고 했다.

정말 그때의 내 심정은 제발 삼 일 전으로 시간을 돌려줬으면. 타임머신이 빨리 개발되어야 한다는 간곡한 마음이었다. 그때 한 친구가 차라리 '투표'를 해서 자신이 생각하는 범인을 찍자고 했다. 난 그때도 먼저 내가 범인이라고 말하지 않았다. 사건은 커질 대로 커졌고 진짜 나라는 게 밝혀지면 내 세상이 무너질 것만 같았다. 투표 결과는 과반수가 '손승욱'으로 나왔다. 범인이 나인 것을 반 이상이 알고 있었으면서 계속 기다려주다가 여기까지 온 것이었다.

지금 생각해 보면 친구들에게 정말 고마운 일인데, 공포에 떨며 교무실로 걸어가던 나는 친구들이 너무너무 미웠다. 어떻게 친구를 사지로 몰아넣을 수 있는지 야속하기만 했다. 친구들을 고통에 빠지게 내 행동에 반성은 못할 망정. 난 그때도 참 미숙했다.

도살장에 끌려가듯 교무실로 간 승욱이의 마지막 발걸음 이후 그 사건은 일단락되었다. 그리고 그 사건은 내 평생의 후회로 남았다. 장난을 친 게 후회되진 않았다. 장난을 친 후 내 행동에 대해 책임을 다하지 못한 그 비겁함이 너무 후회되었다. 왜 그때 나가지 않았을까. 왜 그때 숨기만 급급했을까. 다른 친구가 희생할 때 왜 나는 그 친구를 막아 세우지 못했을까. 그 친구가 돌아왔을 때의 나는 왜 계속 숨기만 했던 걸까. 투표하고 나서도 친구들에게 왜 제대로 사과하지 않았던 걸까. 모든 게 후회투성이였다.

이 후회들은 몇 년 전까지도 계속되었다. 그리고 후회를 계속 반복하다 보니 이제는 지겹다는 생각이 찾아왔다. "이제 후회 그만 하자."라고 스스로를 다독였다. 하지만 이런 말들은 전혀 효과가 없었다. '후회 하지 말아야지'라는 말을 반복하면 할수록 그 후회들이 더욱 강하게 밀려오며 트라우마처럼 나를 옭아매었다. '그 과거 때문에 난 평생 친구들에게 비겁한 존재로 기억될 거야. 선생님도 비겁한 학

생으로 날 기억하겠지. 난 비겁해.'

그 과거가 내 마음속에 각인이 되어 계속해서 후회라는
감정을 불러 일으켰다. 이미 먹구름으로 뒤덮인 내 머릿속
은 그때의 기억을 조금만 떠올리려 하면 온갖 비바람과 천
둥, 번개를 몰고 왔다. 후회하는 감정을 없애기 위해 '후회
하지 말아야지' 라는 말을 하며 접근한 게 잘못되었다는 것
은 나중에 알게 되었다.

우리의 내면은 하나의 공간이다. 그리고 이 공간은 무
엇으로든 채우려는 습성을 가지고 있다. '후회하지 말아야
지.' 라는 문장을 계속 떠올리는 행동 자체가 내 안에 있는
그 후회의 행동들, 결코 하지 말았어야 할, 또는 했어야 할
그 행동들을 떠올리게 한 것이다. 그리고 내 마음 속은 그
런 과거의 기억과 내 머리가 만들어내는 수많은 후회들로
가득 채워졌다.

우리의 마음은 아무런 생각 없이 존재할 수 없다. 아무
생각 없이 있으려 하면 오만가지 생각이 들어찬다. 만약 우
리의 이 내면의 방에서 후회를 걷어 내려면 그냥 후회만 빼
내려고 해서는 절대 걷어지지가 않는다. 후회를 방에서 꺼

내려면 꺼낼수록 더 강하게 각인될 것이다.

그렇다면 어떻게 하면 좋을까. 그것을 단순히 들어내려 하기보다 이 공간을 다른 것으로 채워야 한다. 후회하지 않으려면, 그 후회와 반대되는 성질로 방을 바꿔야 한다. 후회는 과거에 대한 집착이다. 해야 하지만 하지 못했던 행동들, 하지 말았어야 했는데 했던 그 행동들에 집착하는 것이다. 이제는 선택해야 한다. 과거가 아닌 앞으로의 생각들로 채우는 것이다.

내면의 방 안에, 앞으로 내가 해야 할 일들, 지금 당장 할 수 있는 일들, 나를 성장시켜줄 어떤 행동을 선택하고, 그 행동에 모든 정신을 집중하는 것이다. 처음에는 쉽지 않다. 이 내면의 방은 후회라는 먹구름으로 채색되어 있어서, 새로운 색으로 채우려고 해도 쉽게 색이 바뀌지 않을 것이다. 잠시만 한눈팔면 '그때 그랬어야 했는데.'라는 감정들이 또 들어차게 된다. 여기서 중요한 것은, 이런 내면의 방에다가 지속적으로 새로운 물을 들이부어야 한다는 것이다.

난 나의 행동들에 지속적으로 반성을 했다. 그리고 생각했다. 만약에 앞으로 그런 비슷한 일이 있으면 난 그때처럼 행동하지 않을 것이다. 잘못한 일이 있을 때는 거리낌 없이 시인할 수 있는 용기를 가지자. 잘못은 누구나 할 수 있다. 그리고 그 잘못을 한 것보다 더욱 더 큰 잘못은 자신의 행동에 대해 비겁해지는 것이다. '왜 그때 이렇게 행동하지 않았을까'를 생각하지 말고 비슷한 상황이 생기면 '앞으로는 이렇게 하자'라고 생각하자.

이렇게 지속적으로 앞으로의 나에 대해서 생각하다 보니 과거의 나의 모습들이 더 이상 후회되지 않았다. 왜냐하면 과거의 나의 실수들, 나의 비겁함은 이제 현재 내가 해야 할 행동의 방향키가 되어주었고 성장의 자양분이 되었기 때문이다. 그 시절, 비겁한 내가 있기 때문에 앞으로 용기 있게 내 잘못을 시인할 성장한 내가 있을 것이다.

우리에겐 내면의 방이 존재한다. 그리고 그 방에다가 무엇을 채워놓을지는 스스로 결정할 수 있다. 앞으로의 성장에 도움 되는 생각, 감정, 행동으로 내면의 방을 채우다 보면 자신의 과거는 더 이상 상처가 아니다. 그것은 앞으로의 나를 더욱 튼튼하게 만들어 줄 훈련의 과정이다.

진정한 실업은, 지금 봉급을 받을 수 있는
일자리를 가지지 못한 것이 아니라,
미래의 부를 가져다 줄 자신의 재능을
자본화하지 못하는 것이다.

구본형

비전을
찾는 법

　월트 디즈니(Walter Disney)가 꿈의 놀이동산, '디즈니랜드'라는 비전을 품게 된 계기가 있다. 딸들과 함께 간 놀이동산에서 반짝반짝하며 돌고 있는 회전목마가 그렇게나 아름다워 보일 수가 없었다. 근데 정작 아이들을 태우러 가까이 간 회전목마는 정말 볼품없는 모습이었다. 조각된 말은 조잡했고 페인트도 군데군데 벗겨져 있었다. 게다가 바깥쪽에서는 눈에 잘 띄지 않던 안쪽에 설치된 말들은 더 형편없는 모습이었다. 그렇게 실망한 디즈니에게 자신의 작은 열정이 샘솟기 시작했다. 진짜 살아있는 말들이 뛰어노는 놀이공원을 상상했다. 그러자 그 모습이 디즈니의 가슴을 펄떡펄떡 뛰게 하기 시작했다. 이 두근거림이 지금 전 세계인에게 사랑받는 디즈니랜드를 만들어 낸 것이다.

비전은 생을 살아가게 하며 가치있는 삶을 만드는 원동력이다. 또한 가슴 뛰는 비전을 가진 사람이 성공적인 삶을 살아간다고 이야기한다. 그런데 정작 우리를 답답하게 하는 것은 그 비전에 대해 알고 싶어도 어떻게 탐구해야 할지 모른다는 것이다.

나도 한때는 어떻게 살아야 할지, 무엇을 위해 살아가야 할지, 어떤 모습이 되고 싶은지 아무런 생각이 없었다. 그리고 그런 나 자신이 답답하기도 했다. TV프로그램을 보면 가슴 뛰는 일을 위해 노력하는 사람들은 넘치고 넘치는 것 같은데 정작 나는 아직 뭘 해야 할지도 모르니 시작도 못하는 상태였다.

그러던 내가 나 스스로가 무슨 일을 하고 싶고 앞으로 어떤 모습으로 커나가고 싶은지 비전이 생겼다. 헌신하고자 하는 분야가 생긴다는 것은 정말 즐거운 일이다. 그 이후부터는 행동하느냐 안 하느냐의 문제만 있을 뿐이지 더 이상 내 삶에 대한 의심이 생기지 않기 때문이다. 나의 비전은 '지식 경영가'가 되는 것이다. 지식을 수집하고 정리하여 축적하는 것이 즐겁고 잘 편집하여 말과 글로 나누는 것이 좋다. 지금 당장 하고 싶은 행동과 되고 싶은 모습이 일치하는 비전을 얻게 되니 어두운 날 안개 낀 도로 같던 내 앞날이 조금 더 명료하게 보이기 시작했다. 이런 나만의 비전을 찾기까지 그 과정이 순탄하지 않았지만 한 가지 좋은 방법을 알게 되어서 내 삶의 청사진을 그려볼 수 있었다. 그리고 이 방법이 있기에 지금도 내가 나아가고자 하는 비전은 조금 더 명료하고 구체적인 모습으로 진화해 나가게 되었다. 그 방법은 바로 나에 대한 '탐구일기'를 쓰는 것이다.

비전을 찾는 방법은 각자의 성향마다 효과적인 방법이 다를 수 있다. 어떤 이는 조용한 가운데 깊이 있게 사유하는 것이 도움이 될 수 있고, 어떤 이는 멀리 여행 가보는 것이, 어떤 이는 지혜로운 사람과 이야기를 나누는 것, 어떤 이는 직접 일하면서 경험을 통해 자신의 비전을 찾는 것에 가까워질 수도 있다. 어떤 방법이든 시도하면서 자신의 비전을 찾는 게 중요할 것이다. 그렇지만 어떤 상황에 처하고 어떤 경험을 하든 탐구일기를 쓰는 것은 그 과정에 가장 강력한 효과를 얻게 한다.

많은 이들이 알고는 있지만 간과하는 것, 잘 하지 않는 행동이 '일기 쓰기'이다. 어렸을 때부터 매일 쓰도록 교육

받지만 그 습관을 성인이 될 때까지 이어 오는 사람은 드물다. 탐구 일기는 어렸을 때 배운 단순한 일기 쓰기와는 목적도 방법도 다르다. 탐구 일기는 오로지 나의 생각, 나의 습관, 나의 경험, 나의 취향에 관하여 적는 것이다. 하나의 주제를 가진 일기다. 이런 나에 대한 일기를 시시때때로 기록해야 한다. 자신이 무엇을 좋아하는지, 그리고 왜 좋아하는지, 무엇이든 적는 것이다.

이 방법은 정말 사소해 보이지만 자신의 삶을 경영하는 데 최고의 무기가 된다. 성공한 많은 이들이 강조하는 것이 비전을 '글로 담는 것'이다. 글로 쓰지 않은 머릿속 생각들은 금방 잊힌다. 그런 생각들을 잊히지 않게 붙잡는 것이 글로 쓰는 것이다. 나라는 사람이 어떤 사람인지 무엇을 좋아하고 무엇을 싫어하는지 적는다. 이렇게 매일 자신에 대한 탐구를 글로 남기다 보면 더 많이 중복되는 부분들이 발견된다. 바로 그 부분이 자신의 진짜 모습과 가장 가까운 모습일 것이다.

인간은 간사해서 때로 자신만 보는 공간에 글로 쓰더라도 그 모습이 진정한 자신의 모습이 아닐 수가 있다. 그래서 그저 한두 번 언급되는 것들은 진짜 자신이 원하는 것이라기 보다는 사회의 기대와 요구에 세뇌된 모습일 수 있다. 서술한 모습들이 진짜 나의 모습인지 알기 위해선 장기적으로 자신의 모습을 들여다보며 그 중에 가장 많이 언급된 키워드를 알아가는 게 중요하다.

글로 쓰기 전까지는 내가 무언가 수집하는 걸 좋아하는지 알지 못했다. 글로 쓰면서 무언가를 기록하고 주제별로 묶어서 저장해놓는 것을 좋아한다는 것을 알게 되었다. 독서를 좋아하지만 독서를 왜 좋아하는지는 몰랐다. 그저 단순하게 '재밌으니까' 정도로 그쳤다. 어느 순간부터 '나는 왜 독서를 좋아할까?'라는 물음을 던지기 시작했다. 그 사유의 과정을 기록했다.

그리고서 알게 되었다. 난 새로운 깨달음을 얻고 그 통찰을 기록해 두는 것을 좋아한다는 것을. 그리고 그렇게 하기 위한 최고의 방법이 독서였기 때문에 난 그렇게도 독서를 좋아했던 것이다. 내가 왜 독서를 좋아하는지 알게 되니 TV프로그램을 볼 때도 왜 다큐멘터리나 교육 프로그램을 좋아했는지도 알게 되었다. 따지고 보면 난 '책'을 좋아했다기 보다는 새로운 통찰, 지혜를 좋아했었던 것이다. 이렇게 내가 무엇을 좋아하는지, 그리고 그것을 왜 좋아하는지 탐구하는 과정이 반복되니 앞으로 어떻게 살아가고 싶은지, 어떤 모습으로 커나가고 싶은지도 좀 더 명확하게 알게 되었다.

이런 생각들을 정리하다 보니 그것들이 모여 내 미래의 청사진이 되었다. 책이나 영화, TV프로그램 등을 통해 새로운 지식과 통찰을 얻고 그것들을 잘 수집하여 정리하고 새로운 나만의 지식 콘텐츠를 생산하면서 살아가고 싶다는 생각이 들었다. 그리고 이런 생각이 결국은 나의 비전이 되었다.

중요한 것은 비전을 하나의 직업적인 모습으로 생각하는 게 아니란 것이다. 탐구하는 초반부터 완성된 어떤 모습을 규정 지어놓고 그 모습을 위한 근거를 찾는 게 아니다. 자신이 진정으로 좋아하는 아주 작은 행동을 찾는 게 중요하다. 그걸 '미시적 동기'라고 표현한다. 자신이 좋아하는 가장 작은 행동, 성향이다. 그리고 그것들이 점점 구체화된 모습이 비전이다.

같은 미시적 동기를 가졌을지라도 각 사람마다 비전은 달라질 것이다. 왜냐하면 각 사람이 가진 미시적 동기는 한 가지만으로 그치진 않을 것이고, 두 가지 이상의 미시적 동기들이 잘 융합된 모습이 곧 내 삶의 비전이 된다. 즉, 비전이라는 것은 만들어가는 것이지 규정짓고 따라가야 하는 것이 아니다. 비전은 우리의 삶이 나아가면 나아갈수록 그 발걸음에 따라 진화한다. 내가 바라는 지식 경영가라는 비전도 한 해 한 해 나아가면서 계속 진화해 갈 것이고 종국에는 지금 생각했던 것과는 완전 다른 모습으로 바뀌어 있을 수도 있을 것이다. 비전을 추구한다는 것은 결국 나 자신을 향해 무한으로 수렴하는 행위가 된다.

내 가슴을 뛰게 하는 그 열정적인 행위를 먼저 찾고, 그 행동이 반복되며 세상과 연결 될 때 나타나는 구체적인 모습이 자신의 비전이 된다.

그러나 쓰지 않으면 정말 뜨거웠던 것들도 금방 잊어버린다. 세상살이에 치이고 바쁘게 살아가다보면 자신이 무얼 좋아하는지도 까먹어버린다. 난 돈가스를 참 좋아한다. 그런데 정신없이 지내다보면 냉동실에 넣어두었던 돈가스마저도 까맣게 잊곤 한다. 구체적인 사물도 이러할 진데 실체도 없는 꿈이니 비전이니 하는 것을 더 말할 것도 없다.

자신이 좋아하는 것, 마음을 두근거리게 하는 것들을 하나도 기록하지 않고, 계속 가꾸어나가지 않는다면, 자신이 원하는 바를 계속 상기시켜줄 도구가 없다면, 아마 그 뜨겁던 순간의 감정들을 금방 잊게 될 것이고 비전을 찾는 일은 더욱 어려워질 것이다. 나 자신의 비전을 발견한 것은 지속적인 '기록'에 정답이 있었다.

100퍼센트 확률로
습관 장착하는 법

> 우리 주변에는 긍정적인 변화를 불러오고 그 변화를 오
> 래 지속시키지 못하는 게 자신의 잘못이라고 생각하는
> 이들이 너무나도 많다.
>
> 《습관의 재발견》 저자 스티븐 기즈(Stephen Guise)

새해는 언제나 우리를 들뜨게 한다. 왠지 나를 새롭게 해
주는 기분이 들어서일까. 이전의 살던 모습들은 새해와 함
께 싹 날려버릴 수 있을 거란 희망 때문일까. 우린 새해가
밝는 1월에, 조금 늦는다면 2월 즈음, 새해 계획을 짜기 시
작한다. 그리고 새해 계획에는 무언가 저주가 걸린 것처럼
하염없이 실패한다. 처음엔 나만 그런 줄 알았다. 남들은
다 도전하면 성공하고 무언가 엄청난 삶을 살아가는 줄 알
았다. 그렇지만 주위를 둘러보니 상황은 다 비슷하다는 것

을 알게 되었다. 그것을 보고 위안이 되었다. 나만 실패한 게 아니니까, 같이 실패했으니 나 자신을 심하게 자책하지 않아도 되었다.

20대 초에 몸무게 30kg을 감량한 적이 있다. 계속 체중 유지를 잘해왔는데 최근 들어 다시 10kg가 늘었다. 난 요즘 다이어트가 다시 고민이다. 먹는 것을 좀 줄여보자고 시도를 하고 1~2kg정도 빠지려고 하면 습관이 다시 무너져서 원상복구가 된다. 예전에는 주위 사람들에게 다이어트에 대한 질문공세를 받았다. 요즘은 내가 도리어 주위에 다이어트 비법을 묻곤 한다.

중국어 가이드가 되기 위해서 중국어 공부를 하루에 15시간 한 적이 있다. 그런 노력을 1년 정도 유지해서 중국어 가이드가 되는데 성공했다. 그러나 현재의 나는 새롭게 시작한 영어공부를 하루에 1시간도 하기 힘들어한다. 깨작깨작 10분 정도 공부하면 벌써부터 포만감이 들어 더 이상은 못 먹는다고 마음이 외친다. '이 정도면 되었다.' 라고 한다.

우리는 삶을 살아가면서 수많은 계획을 하고 잘 지켜내

지 못해 좌절한다. 그리고 이런 실패들을 맞닥뜨릴 때 대부분의 경우, 스스로를 탓한다. 나도 예외는 아니기 때문에 내 마음은 생채기 투성이다.

'의지력이 부족한 나'

'끈기가 부족한 나'

'독기가 부족한 나'

'뭘 해도 안 되는 나'

'문제가 많은 나'

모두 내가 나에게 하던 말들이다. 더 이상 상처주면 안 될 것 같아서 아예 도전을 하지 않는 지경에 이르렀다. 도전을 하지 않으면 실패도 없으니까. 이렇게 자책이 심한 나였기에 어떻게 하면 덜 실패할 수 있는지, 실패를 하더라도 어떻게 하면 스스로를 덜 자책할 수 있는지 많은 고민을 했다.

정말 내가 문제덩어리로 태어났기 때문에 항상 실패를 거듭하는 걸까? 이런 생각을 했던 것 자체가 부모님께 죄송할 정도다. 사실 알고 보면 인간들 모두가 문제를 가지고 태어난다. 문제없는 사람은 단 한 사람도 없다. 잘 치장하고 포장해서 완벽해 보일 수는 있겠지만 절대 완벽한 사람은 없다.

누구나 문제를 가지고 있다. 그리고 누구나가 문제를 가지고 있다는 것은 이것이 더 이상 문제가 아니란 것이다. 나는 그래서 그동안의 나의 실패가 내 잘못이라고 생각하던 걸 멈추기로 했다. 결국 이런 자책성 생각들은 자기 자신을 더 이상 도전해도 아무것도 이룰 수 없는 사람으로 규정짓게 한다. 해도 안된다는 생각은 노력의 의미를 무색하게 한다. 날 믿지 못하는 동료와 함께 일을 해나가는 것도 어려운 일인데 나 자신이 날 믿지 못하면 그 길은 가보나마나한 길일 것 같다.

난 해도 안 돼, 난 의지력이 부족해, 난 끈기가 부족해, 새해 계획 세우긴 하겠지만 또 이것도 몇 주 하다 보면 흐지부지 되겠지. 이런 생각들이 우리 생각의 기저에 깔려 있다면 이제 그럴 필요가 없다는 것을 이야기하고 싶다.

문제는 우리 자신이 아니라 우리가 쓰는 전략이다. 실패할 수밖에 없는 전략을 세우면 어떻게 될까? 실패할 것이다. 우리 인간은 욕심이 너무 많아서 계획을 짤 때마다 자신이 쉽게 할 수 있는 기준을 심하게 초과해서 잡곤 한다.

'이 정도는 해야 멋진 계획이지', '이 정도 계획은 완수해야 내 삶도 변화될 거야.' 라고 생각한다. 그러고선 자신이 짠 계획에 자신이 무너진다. 그럼 그 실패의 탓을 전략으로 돌려야 하는데, 우린 자신을 탓한다. 스스로의 자존감을 한 토막 잘라 버린다. 악순환이다. 자신이 짠 계획에 실패하고, 그러고 나서 자기 자신을 탓하는 것. 이런 일을 매년 반복하고 있다.

성공할 수밖에 없는 전략을 세우고, 그 전략을 자주 이행한다면 어떨까? 스스로도 지키지 못할 약속인 걸 알면서 1년짜리 계획을 세우기보다, '진짜 이것만큼은 지키지 않을 수가 없다.'라고 느껴질 정도의 계획을 세운다면 어떨까? 그리고 이것을 계속 반복한다면?

간혹 동기부여 강연이나 책을 보면 단순히 '동기부여', '대단한 결심', '무조건 시작하라' 같은 맹목적인 전략들을 적용하려고 하는 경우가 있다. 물론 아예 도움이 안 될 이야기는 아니지만 조금 더 구체적으로 다루지 않고 그대로 적용하다 보면 우리는 실천하지 못할 것에 대한 죄책감과 두려움을 느끼게 된다. 또 다시 반복되는 실패에 스스로를 자책하는 악순환을 겪는다.

사용하는 전략부터 신중히 다듬을 필요가 있다. 좋은 전략을 통해서 성공의 경험들을 쌓아 가면 내 마음은 자연스럽게 데워지기 시작한다. 단기적인 동기부여로 자신의 마음을 냄비처럼 데우기보다 가마솥처럼 오래 열을 유지하는 힘이 채워지는 것이다. 주입받은 열정이 아니라 자신 안에서 스스로 우러나오는 열정이 샘솟는다.

여기서 우리는 그동안 우리가 사용해오던 전략이 틀렸고, 새로운 전략, 성공할 수밖에 없는 전략을 받아들일 필요가 있다. 우리의 전략은 이런 것이다.

'작은 일을 매일매일 실행하는 것이 단기간에 많은 일을 하는 것보다 더 영향력을 발휘한다.'

마음을 굳게 먹고 한두 달 동안 죽어라 하는 것보다 하루에 조금씩이더라도 1년 이상 진득하게 이어 나가는 게 더 도움이 된다는 것이다. 왜냐하면, 매일 하는 일은 습관으로 정착된다. 이미 습관으로 정착된 일은 따로 의지력을 사용하지 않고도, 힘들이지 않고도 평생 하게 되는 일이 된다.

영어를 1~2개월 죽어라 공부하고 포기하는 것보다 하루 10분이라도 매일 이어 나가는 것이 훨씬 좋다. 결국 이렇게 반복된 10분은 습관으로 정착될 것이기 때문이다. 그리고 이 10분이 반복 되다보면 나중에 20분, 30분으로 늘려가기는 훨씬 쉬울 것이다. 우리의 전략에서 신중해야 할 한 가지 규칙은 '한심할 정도로 작아야' 한다는 것이다. 각자가 생각하는 작다는 기준은 사람마다 다르다. 자신의 기준에서 '한심할 정도'면 충분하다.

습관에 대한 이론을 잘 풀어낸 스티븐 기즈의 <습관의 재발견>에서는 이 한심함의 정도가 참 중요하다고 강조한다. 실패하기가 힘들 정도로 한심한 목표를 정하라는 것이다. 예를 들어, 운동을 계획한다면 하루에 팔굽혀펴기 한 개 이상 하는 것이다. 더 많이 하는 건 상관이 없지만, 아무튼 목표는 한 개 이상만 하면 된다. 이런 계획을 짜면 어느 날은 진짜 한 개만 할 수도 있고 어떤 날은 한 번 하니까 너무 쉬운 나머지 '그래, 다섯 개 정도도 껌이겠다.' 싶은 날이 반드시 있다. 그러면 그 날은 다섯 개 하면 된다. 그렇게 성공의 경험들을 축적해 나가다 보면 어느새 매일 성공하는 습관이 만들어져 있을 것이다. 진짜 피곤하고 아무것도 하기 싫은 날일지라도, 딱 팔굽혀펴기 한 개 하고 쉬는 건 전혀 어렵지 않을 테니까.

모든 위대한 성과는 이 작은 행동에서부터 시작해 지속적으로 축적된 결과물이다. 지금 당장 팔굽혀펴기 한 개나 쉬운 외국어 문장 딱 하나만 외워 보자. 그리고 매일 이어 나가자. 어느 순간부터는 그 행동 그 자체를 즐기고 있는 자신을 발견하게 될 것이다.

비범한 성공을 하는
확실한 방법

　어렸을 때부터 꿈만큼은 남달랐다. 비범한 사람이 되고 싶었고 비범한 성공을 하고 싶었다. '비범하다', 즉 '평범하지 않다.'라는 그 말이 너무도 멋지게 느껴졌다. 평범한 내가 평범해지지 않으려고 발버둥 치던 어린 시절이 지금 생각해 보면 참 기특하면서도 한편으론 안타깝기도 하다. 그런 시도들이 나를 더 성장하게 하기도 했지만 한편으론 더 고생스런 길로 이끌기도 했기 때문이다. 그래도 덕분에 남다른 인생 경로를 걸어왔으니 후회는 하지 않는다.

　이 길을 걸어오며 비범해지기 위해서는 어떻게 해야 할까 참 많은 고민을 했다. 재능과 학습에 관한 서적들을 많이 찾아보기도 했다. 한 분야에 특출한 사람을 만날 때면 언제나 하던 질문이 있다. 어렸을 때부터 계속 잘했던 것인지 아니면 어떤 별다른 노력을 한 것인지.

그런 '비범'에 관한 나의 집착은 지금까지도 이어지고 있는데 작년 즈음에 '비범한 성공'을 하는 비법에 대해 고민하기 시작했다. 단순히 한 분야의 스킬을 통달하는데 그치지 않고 삶의 전반적인 부분을 아우르는 성공을 어떻게 하면 얻을 수 있을지를 고민했다. 어떻게 하면 돈을 많이 벌 수 있을까. 어떻게 하면 큰 기업을 만들 수 있을까. 어떻게 하면 팬들이 넘쳐나는 인기인이 될 수 있을까. 그 모든 것들을 관통하는 하나의 비법이 있지 않을까?

그런 생각의 연장선상에서 어느 날 강력한 깨달음을 얻었다. 비범한 성공을 하는 사람들의 공통점. 그 공통점을 나도 가지기 위해 공략한다면 얼마든지 비범한 성공 또한 얻을 수 있을 것이라 생각했다.

자신의 분야에서 탁월함을 만드는 사람들의 공통점은 '다른 사람들을 자극한다'는 것이다. 비범한 사람은 다른 사람에게 영감을 주고, 꿈을 꾸게 한다. 그 꿈을 향해 달려 나가게 만드는 힘이 있다. 단순히 자신만의 성공이 아닌 여럿의 성공을 부채질한다.

회사에서 단순히 혼자서 모든 사람과 경쟁해서 싸우려는 사람은 언젠가 자신보다 뛰어난 사람에게 패배해 낙오할 가능성이 높다. 그렇지 않고 꾸역꾸역 다른 사람들을 밀어내며 1000명 중의 1인자로 올라가더라도 누군가 치고 올라올 것을 두려워하는 외로운 존재로 살아갈 것이다. 정작 마음을 나눌 수 있고 역경을 함께 돌파해 나갈 동료가 없어서 결국 쓸쓸하게 자신을 지키기 위해 안달하는 삶을 살아간다.

진짜 비범한 성공을 하는 사람은 다르다. 자신보다 나은 사람을 끌어내리기보다 먼저 따르고 배운다. 자신보다 못한 사람을 찍어 누르기보다 끌어주고 당겨준다. 그렇게 자신의 편을 만들어간다.

작가나 강사로서 비범한 성공을 하는 사람들 또한 다른 사람들을 자극한다. 단순히 정보 전달만 하고 끝을 맺는 게 아니라 진심에서 우러난 감동을 전달한다. 지쳐 주저앉은 사람들에게 다시 일어날 힘을 주고 삶의 열정을 잃어버린 사람들에게 아침햇살 같은 온기를 전달한다.

'타인에게 꿈과 희망을 심어주는 사람' 주위엔 사람들

이 모이게 되어 있고 사람들이 모이는 곳엔 부와 명예가 뒤따르게 되어 있다. 물론 부나 명예가 세상의 최대가치는 아니겠지만, 타인에게 선한 영향을 끼치면서 자연이 주는 귀한 결실을 거부할 필요는 없다.

누군가에게 감동을 전하려면 어떻게 해야 할까? 물론 타인에게 좋은 영향력을 끼치거나 삶을 깨우는 자극을 준다는 것은 쉽지 않은 일이다. 어느 정도 표현 능력, 설득 능력에 대한 기술과 경험이 필요할 것이다. 지금 당장 그런 기술과 경험이 없어도 괜찮다. 누구나가 이런 기술을 익힐 수 있고 경험을 쌓아나갈 수 있다.

감동을 전하는 최고의 기술은 자신이 먼저 감동을 느끼고, 그 감동을 사람들에게 나누는 것이다. 스스로 감동하지 않은 것을 아무리 이야기해봤자 듣는 사람은 감동하지 않는다. 언어와 태도를 가다듬어 전달력을 기르는 것은 그 다음이다. 먼저 감동하지 않고서 타인을 자극하는 것은 불가능하다.

인간은 새로운 것을 배울 때 기쁨을 느낀다. 영어공부 하는데 한 문장을 구간 반복하여 공부하는 쉐도잉 스킬을 알게 된다든지, 운동할 때 새로운 자세를 알게 된다든지 무언가 그동안 몰랐던 새로운 걸 알게 되면 즐겁다. 인간의 유전자는 무언가를 배우며 한 단계 성장할 때 즐거움을 느끼도록 프로그래밍 되어 있다. 정말 사소한 것이라도 그것을 배울 때의 기쁨을 사람들에게 공유하는 습관을 들여 보자. 일상의 아주 사소한 것이라도 괜찮다. 주위 가족에게도 좋고 친구들에게도 좋다. 가볍게 이야기를 시작하며 자신의 흥분을 전하는 것이다.(싫다는 사람에게 배워보라고 강요하는 것이 아니다!) 이 습관이 쌓이고 쌓이다보면 언젠가 이런 소리를 자주 듣게 된다.

"너랑 같이 있으면 뭔가 하고 싶은 게 자꾸 생겨."

요즘은 하고 싶은 것이 없어서 우울해하는 현대인들이 참 많다. 취미라곤 그저 TV보기나 인터넷 쇼핑이라고 답한다. 그런 시대에 무언가 하고 싶게 만드는 재주가 있다는 건 사람들을 집중시키는 최고의 능력이다. 남들을 고무시켜서 소리 없이 뛰던 심장을 귓전에서도 심장 박동 소리가 들릴 정도로 강하게 뛰게 만들어 주는 것이다.

이 행동은 사람들을 끌어 모으는 효과뿐만 아니라 많은 장점이 있다.

첫 번째, 누군가에게 자신이 배운 것을 공유하다 보면 자신의 실력이 늘어난다. 학습의 최대 지름길은 누군가를 가르치는 것이다. 알려주면서 스스로의 지식을 재확인하고 더 견고하고 체계적으로 뇌 속에 정리하게 된다. 게다가 자신이 몰랐던 것도 확인함으로써 무엇을 더 공부해야 할지도 명확해진다.

두 번째, 가르치는 실력이 늘어난다. 작은 정보라도 누군가에게 전달하는 훈련을 계속 반복하다 보면 한 마디를 하더라도 더 명료하게 전달할 수 있고 듣는 사람도 더욱 쉽게 받아들일 수 있다. 그리고 누군가에게 영감을 불어 넣으면서 동시에 지식이나 스킬을 설명할 수 있는 기술은 리더로 가는 지름길이다.

세 번째, 남들을 고무하면서 동시에 스스로가 더욱 고무된다. 남들에게 자극을 주는 활동이 그 누구보다 자신의 동기를 더욱 샘솟게 한다. 자연스럽게 자신을 성장 할 수밖에 없는 환경 속에 들여놓게 된다.

네 번째, 공감 능력이 상승한다. 지식이나 기술을 알려주는 것은 상대방의 입장에서 생각을 하며 공감 능력을 상승시킬 수 있는 강력한 훈련법이다. 그리고 공감 능력이 상승할수록 전달하는 기술 또한 상승한다. 선순환의 연속이 된다.

정리를 하자면 아낌없이 퍼주란 것이다. 내가 가진 것을 남들과 나눈다고 내 것을 뺏기지 않을까, 뒤처질까 고민하면 안 된다. 나누지 않고 내 안에만 고이 간직하면 간직할수록 지식이나 스킬은 썩어서 냄새가 나게 된다. 혼자 독점하여 익힌 능력 또한 어느 정도의 좋은 평가는 받을 수도 있다. 하지만 혼자 잘되자고 하는 지식에는 욕심과 오만함이라는 고지식한 썩은 내가 난다. 그리고 그런 냄새나는 곳엔 파리만 들끓는다.

아낌없이 퍼주고 남들에게 알려주고 공유하는 것을 생활화해보자. 사소해 보이는 능력일지라도 내 이 작은 능력을 필요로 하는 사람들은 반드시 있다. 작은 것을 얻을 때의 그 흥분과 감동을 전달할 때, 내 안에 잠자고 있던 비범성이 서서히 두각을 드러낼 것이다.

당장 하고 싶은 것이 있다면
이것저것 앞뒤를 재지 마라.
지금 당장. 하고 싶은 그 일을 하라.

글쓰기를 하고 싶다면
당장 책상에 앉아 글을 써라.
달리기를 하고 싶다면
당장 운동화 끈을 동여매고 달려라.
영어를 공부하고 싶다면
당장 아무 영어책이나 펼쳐 시작하라.

그래도 구체적인 계획, 효과적인 방법이 있어야
더 잘 할 수 있지 않을까라고 이야기하는
그 마음의 소리에다가 욕을 한 바가지 먹여줘라.
계획과 방법은 언제나 실행 다음에 와야 한다.

성공과
꿈을 이루는
확실한 방법

어렸을 적부터 성공에 대한 야망이 컸다. 어떻게 하면 성공할 수 있을까. 사람들이 우러러 보는 모습이면 참 좋겠다. 온갖 상상의 나래를 펼치며 내 성공의 모습을 떠올리곤 했다. 지금 생각해도 다행인 것은 단순히 상상만으로 그치지 않고 여러 가지로 성공하는 법에 대해 찾아보고 고민해 봤다는 것이다. 성공을 바라기만 하지 않고 그것을 실천할 수 있는 방법이 무엇인지 모색해 봤다.

한때는 주식투자 관련해서 관심이 많았다. 열심히 돈 벌어서 목돈을 만든 다음에 우량주에 투자해 수익률만으로 생활을 유지할 수 있는 수준을 만드는 게 최고의 성공이라 생각했다. 하지만 시간이 더 흐르고 하고 싶은 일이 생기고 나니 단순히 돈을 많이 버는 것만으론 만족이 되지 않았다.

좋아하는 일을 하면서 동시에 돈을 많이 벌 수 있는 방법이 있지 않을까 연구했다. 지금도 '성공'을 이루었다고 당당하게 말할 수 있는 상황은 아니지만 그래도 나 자신 스스로 확신하는 성공으로 나아가는 성장 비법 한 가지는 확실히 알았다고 생각한다. 그것은 '글로 쓰기'다.

상상만으로 그치지 않고 자신의 목표를 현실에 실현시키기 위해서는 그 형체가 명확해야 한다. 글로 쓰는 것은 형체가 잡히지 않는 모호한 상태의 생각을 구체적이고 형체가 있는 현실의 상태로 끄집어 올리는 작업이다. 뇌 속의 전기적, 화학적 신호로 그쳐버릴 생각의 산물이 노트 위에 잉크로 구체화되는 순간이다. 그리고 인간의 위대한 결과물들은 모두 다 이런 과정을 거친다. 인간이 지은 모든 건물들도 견고하게 구축되기 위해서는 상세한 설계도가 있어야 하고, 집 안에 있는 사소한 가재도구들 하나하나까지도 각각의 제품 설계도가 존재한다. 인간은 종이와 잉크의 발명으로 더 폭발적인 문명의 발전을 이룩할 수 있었다.

생각을 현실로 만드는 이 간단한 방법은 고대부터 현대까지 어느 누구도 부인할 수도 없고 의심할 수도 없는 성공 비법이다. 안타까운 것은 이런 것들을 학교에선 잘 배울 수가 없다는 것이다. 우린 어렸을 때부터 일기쓰기, 독후감쓰기 등 '쓰기'를 강요받지만 그것이 왜 필요한 것인지는 잘 배우지 못한다. 아주 작은 목표일지라도 쓸 때 명확해지고 그 목표가 실현될 확률이 비약적으로 상승한다. 하물며 인생의 성공은 말해봐야 입만 아플 것이다.

목표를 글로 쓰기. 그래서 나도 실천했다. 난 2017년 초에 내가 이루고자 하는 목표를 스케치북에 썼고 그해 11월에 유튜브 생방송으로 나의 목표를 대중들 앞에 공개했다. 그때의 내 목표는 이러했다.

1년: 중국어 컨텐츠를 겸한 강연 유튜버
5년: 지식 강연 유튜버로 확고한 이미지 구축(국가급)
최종: 강연가, 지식인, 영상크리에이터, 작가(세계급)

지금 생각해 보면 이때의 목표는 내 인생의 가치관과는 조금 어긋난 부분이 있다. 하지만 목표를 씀으로써 난 내가 가고자 하는 방향을 더욱 확실히 알 수 있었고 그리고 중간에 무엇을 포기해야 할지도 명확히 알 수 있었다.

목표를 쓴 이후로 3년이 지났다. 그 목표를 쓴 이후로 난 중국어 회화 분야의 베스트셀러를 출간할 수 있었고 당시

500명도 안 되는 유튜브 채널을 지금은 17만명 상당(3개 채널 합산)의 분들이 구독해주는 채널로 이끌어 올 수 있었다. 또한 단순히 외국어 분야에만 국한된 이야기만 한 것이 아니라, 지식 강연 유튜버라는 목표를 이루어 가기 위해 독서법, 진로탐색, 인생 이야기, 책 이야기 등 다양한 이야기들을 하며 나의 외연을 넓혀 왔다.

거의 1년에 한 번씩은 이 스케치북의 내용들을 재확인하며 내가 그 길을 잘 가고 있는지를 곱씹었고 나의 의식이 조금씩 성장해감에 따라 원래의 목표도 조금씩 수정했다. 그리고 나의 꿈들이 하나씩 이루어져 가고 있는 걸 목도할 때면 너무도 신기했다. 난 씨앗을 심은 것이다. 내 속에서 잠들어 있던 꿈이라는 씨앗을 스케치북이라는 현실의 밭에 심었고 행동이라는 물을 뿌려준 것이다.

꿈을 이루어가는 과정을 밟아가면서 하나 확실히 배운 것이 있다. 꿈을 노트에 쓰고 행동으로 실천하기 전에 해야 하는 것이 한 가지 있다. 자신의 가치관 확립이다. 2017년 2월에 적은 목표들을 보면 전부 외부적인 유명세에 치중해 있다. '국가급', '세계급'이라는 목표가 유명세에 얼마나 얽매여 있는지를 나타낸다. 그때의 나는 사람들에게 보이는 모습이 중요했고 그렇게 되는 것이 내 행복의 조건이라 여겼다.

그런데 2018년 7월에 다시 적은 목표들을 보면 외부적인 유명세는 거의 없어진다. 행복의 기준이 타인의 관심 여부에 따라서 변하는 일을 더 이상 원치 않게 된 것이다. 그때부터의 나는 그저 나와의 싸움을 하길 원했다. 어제보다 나아진 오늘을 원했고 내가 좋아하는 활동을 계속할 수 있는 여건을 구축하는 것이 행복 기준의 일부가 되었다.

예전 같았으면 한 달에 구독자 2000명 늘리기, 1년에 2만 명 늘리기 이런 목표들을 정했을 것이다. 하지만 이제는 아니다. 구독자가 늘고, 수익이 늘어나는 건 당연히 즐겁고 반길만한 일이다. 하지만 그것은 나의 행동으로 인한 이차적 결과이지 내가 그것을 이루는 것은 아니다. 난 그런 일이 이루어질 수 있게끔 충분조건을 완성해 놓는 것이다. 그 이후의 결과는 이루어지든 그렇지 않든 하늘의 영역인 것이다. 운이 좋으면 더 빨리 성장할 것이고 운이 나쁘면 조금 천천히 성장할 것이다. 아무래도 좋다. 난 이렇게 그저 하루하루 성장하는 게 즐거워졌다.

등산을 하는 이유는 반드시 정상에 오르기 위함이 아니다. 진짜 등산을 좋아하는 사람들은 정상에 오르는 그 순간만을 위해서 등산하지 않는다. '오르는 행위' 그 자체가 좋은 것이다. 나의 목표 또한 내가 가고자 하는 그 방향으로 한걸음씩 전진하는 것 그뿐이다.

그래서 난 2017년 2월에 적었던 '세계급'이라는 목표도 삭제했다. 그때는 세계에서 유명한 사람이 되는 것이 굉장히 행복한 일일 것이라 생각했다. 그래서 중국어도 영어도 계속 공부해서 세계에 더 많은 사람들과 연결되고 싶었다. 근데 그건 내가 바라는 나의 모습과 좀 다르단 걸 깨달았다. 세상의 더 많은 사람들과 연결되는 것 자체는 즐거운 일이겠지만 세계적으로 유명해진다고 내 삶이 행복해지진 않을 것이란 생각이 들었다

성공과 꿈을 이루는 확실한 방법은 자신의 목표를 글로 쓰는 것이다. 이때 자신의 가치관을 잘 반영하여 목표를 잡으면 참 좋을 것 같다. 가치관이 잘 반영된 목표를 글로 쓰고 그것을 이루어 가는 삶. 난 그것이 진정한 성공이라 생각한다.

많은 사람들이 자신의 행복과는 상관없는 목표를 잡고 그저 필사적으로 살아간다. 과거의 내가 그랬듯이 대부분 꿈과 목표를 적으라 하면 내면에서 진정으로 원하는 것을 적는 게 아니라 남이 나를 그럴듯하게 봐줄 모습들을 적는다. 100억을 번다든지, 50평 100평 집을 산다든지, 람보르기니 차를 산다든지. 남이 나를 봤을 때, '와, 부자다! 멋지다!' 할 만한 걸 목표로 정한다. 곰곰이 생각해 보았으면 좋겠다. 이것들이 진정으로 나를 행복하게 해줄까?

물론 생계가 당장 급하거나, 자신의 내면의 꿈을 이루기 위해 필수적인 자금이 필요한 경우라면 구체적인 금액을 목표로 써야 한다. 멋진 기업을 만들어서 일자리 창출을 목표로 한다든지, 어려운 불우이웃을 돕는다든지, 자신의 신념을 이루기 위해서 돈을 많이 번다는 목표는 매우 값지고 멋진 목표라 생각한다. 하지만 이러한 확실한 내면의 울림 없이 그저 허영심으로 시작된 목표는 결국에 자신을 불 속에 뛰어드는 불나방으로 만들고 말 것이다.

오늘 당장 나의 가치관과 목표를 글로 써보았으면 좋겠다. 스케치북도 좋고, 굴러다니는 연습장도 좋다. 자신의 블로그도 좋고 나만 볼 수 있는 노트 어플도 좋다. 목표를 글로 쓰고 자주 확인하고 때론 고쳐가며 상상을 현실로 만들어가자. 그리고 그 기록에다가 오늘의 날짜를 꼭 기록해 두었으면 좋겠다. 미래의 당신이 이날의 기록을 되새기며 이날 심은 씨앗을 확인할 수도 있고 또 누군가에게 자신이 심은 씨앗을 보여주며 희망을 전할 수도 있을 것이다.

좋아하는 일을
하고 싶다면
알아야 할 것들

　유튜브 구독자 한 분이 상담 요청을 했다. 지금 하고 있는 직장 일을 좋아해보려 노력할 것인지, 아니면 자신이 좋아하는 일을 직업으로 만들 도전을 시작할 것인지. 이런 질문을 받으면 기분이 좋다. 자신의 인생을 소중하게 생각하는 사람만이 이런 고민을 할 수 있다. 이렇게 자신을 소중히 여기는 사람을 만나는 것은 즐거운 일이다.

　자신이 처한 상황과 원하는 것이 무엇이냐에 따라 정답은 달라질 것이다. 지금 당장의 안정이 우선순위라면 직장의 일을 좋아해보려 노력하는 것이 최선일 것이고 안정을 포기하더라도 좋아하는 일을 추구하는 것이 더 중요한 사람은 좋아하는 일을 향한 도전을 하는 게 맞을 것이다. 사람들마다 중요하게 여기는 것이 무엇이냐에 따라 나름대로의 선택을 할 것이고 그 선택들마다 나름대로 득과 실이 있어서 다 가치로운 경험이라고 생각한다. 옳고 그름은 없다.

20대 때의 나는 '좋아하는 일' 자체를 발견하지 못했다. 무얼 하며 살아야 할지 결정조차 하지 못했기에 참으로 고통스러웠다. '좋아하는 일'이 무엇인지를 발견했다는 것은 자신의 삶을 살아가는 데 아주 중요한 전환점이다. 당장 현재의 모습을 이어나갈 선택을 하더라도 나 자신에 대해서 알며 살아가는 것과 모르고 살아가는 것은 큰 차이를 만들어 낸다.

난 29살이 되어서야 '좋아하는 일'을 발견했다. 지금 생각하면 그때의 나에게 참 고맙다. 그때 난 현실에 순응하는 것으로 안주하지 않고 좋아하는 일을 추구하는 삶을 선택했다. 그렇지 않았다면 지금의 나도 없었을 것이다. 여기까지 나아오면서 그 길이 순탄하지는 않았다. 차라리 버텨오고 있다고 말하는 게 나을 수도 있겠다. 온갖 자잘한 실패들을 거치며 시행착오를 거쳤다. 그러면서 좋아하는 일을 추구하며 살아가려면 반드시 알아야 할 요건 세 가지를 배울 수 있었다.

첫째는 '돈에 대한 현실감각'이다. 인생을 살면서 돈 문제를 간과하며 살아갈 순 없다. 직장일이 너무 싫은데도 그곳에서 버티고 있다는 것은 당장에 '돈'이 벌리기 때문이 대다수일 것이고, 좋아하는 일인데도 그것을 해도 될지 고민하는 이유는 '돈'이 되지 않을 것 같기 때문일 것이다. 자신만의 꿈을 품고 추구하며 살아가는 것도 중요하겠지만 그게 중요한 만큼 현실감각도 중요하다. 꿈과 현실감각, 이 어울리지 않는 두 가지 요소를 다 갖춘 사람이 결국 꿈을 이룰 수 있다. 세상이 불가능하다고 했던 일들을 꿈으로 품고 현실로 불러들였던 수많은 위인들 또한 이 현실이라는 땅 위에 발을 딛고서 자신의 꿈을 향해 달려 나갔다.

지금 당장 먹고 사는 문제가 코앞에 당면해 있다면 인간은 생존 본능이 뇌를 지배하며 일단 먹고 사는 문제를 해결하는 데에 자신의 에너지를 쏟기 마련이다. 좋아하는 일을 하며 살고 싶긴 하지만 굶으면서, 잠을 덜 자면서까지 좋아하는 일을 추구할 정도로 독한 사람은 흔치 않다. 이 '돈'이라는 것은 꿈을 추구하는 데에 자양분과 같은 존재라고할 수 있다. 돈이 부족하다는 현실이 꿈의 실현을 막을 것이라 생각하면 어떻게든 돈을 벌어야 한다고 생각하게 될것이다.

물론 돈 벌 생각만 자꾸 하다 보면 돈 욕심이 자신을 지배해 버릴 때도 있을 수 있다. 진정으로 좋아하고 중요하게 여기는 일은 서서히 잊혀 가는 것이다. 나는 그럴 때마다 글쓰기를 통해 나 자신을 다잡았다. 정신 차리자고. 진짜 중요한 것을 생각하라고. 내가 살아가는 이유를 생각하며 삶의 방향키를 조정했다. 지금도 나는 내 꿈을 향해 달려가는 중이다. 그리고 그 꿈이 중요한 만큼 돈도 매우 중요함을 생각한다.

둘째는 '성장에 대한 믿음'이다. 내가 좋아하는 일을 선택할 수 있었던 가장 큰 이유는 그 일을 잘 할 수 있다는 확신이 있었기 때문이다. 무언가를 잘한다는 것은 수익창출을 할 수 있는 가능성도 더 많다는 말이다.

'성장에 대한 믿음'은 어디서부터 오는 걸까? 학창시절의 나는 인간의 재능에 대해서 무척이나 궁금해 했었다. 무언가를 특별히 잘하는 사람들은 태어나면서부터 가진 '재능'이 있기 때문일까? 도대체 이유가 뭐지? 난 재능이 없기 때문에 이렇게 평범한 걸까? 그리고 그 궁금증에 대해 주위에서 나에게 해준 모든 대답은 이랬다. 다 재능이 타고 나서 그렇게 할 수 있는 거라고. 그래서 재능 없는 나는 돈 버는 것이 최선이라 여겼다. 나를 계발하여 성장시키기보다는 지금 당장 돈을 가장 많이 벌 수 있는 일을 택했다. 내 20대는 그렇게 지나갔다. 불신의 시기였다. 그 고민의 정확한 대답을 어디서 제대로 얻을 수 있는지는 무지했다.

그러다가 내 삶을 바꿔버린 책을 만난다. <1만 시간의 재발견>이라는 책이었다. 20대 내내 가졌었던 궁금증을 명쾌히 해결해줬다. 태어날 때부터 각자가 가진 성향은 다를 수 있지만 위인들이 이룬 모든 위대한 성과는 '의식적인 훈련'이 없이는 이룰 수 없다는 것을 알려주었다. 그동안 진정으로 듣고 싶었던 이야기를 들었다. 사람들이 '재능의 신화'에 대해 떠들 때마다 난 믿고 싶지 않아 했던 것이다. 무언가를 선택하고 열심히 하면 재능을 키울 수 있을 것이란 대답을 듣고 싶었다.

이 책은 말했다. 얼마든지 좋은 방법과 노력만 있으면 무엇이든 잘 할 수 있다는 것을. 확신이 생겼다. 물론 쉬운 길은 아니라는 것을 인정했다. 하지만 '가능성'이 있다는 확신 그 자체가 나에게 기쁨이었다. 천상의 계단이 내려와 나를 맞이하는 것 같았다. 좋아하는 일이 있고 그 일을 잘 할 수 있을 것이란 확신이 있으면 우린 어떤 선택을 할까? 당연히 좋아하는 일을 할 것을 바로 선택할 것이다. 물론 육체적인 활동은 신체 나이의 영향을 받기 때문에 운동 분야는 약간 예외일 수 있지만 인간의 뇌는 다르다. 인간의 뇌는 나이와 상관없이 계속 성장할 수 있다. 물론 나이가 들어가며 뇌도 노화가 진행되지만 어떤 분야를 알아가며 익히는 데 끼치는 영향은 미미할 정도다. 각 분야에 대한 훈련 방법과 꾸준한 노력이 있으면 반드시 성장할 수 있다. 그것이 현대과학이 발견해낸 뇌의 가소성이다.

몇천 년 이상 인간은, 무언가를 잘하려면 재능부터 타고나야 된다는 사고방식을 가지고 살아왔다. 그러다 보니 이 '재능의 신화'라는 맹목적인 믿음이 만연해 있다. 하지만 근래 20년 동안의 뇌과학 발전이 이런 재능 발달의 원리 자체를 바꾸어 놓았다. 인간 뇌는 계속해서 성장할 수 있다. 어렸을 때 들었던, 넌 이래서 안 돼, 넌 재능이 없잖아, 넌 타고나지 못 했어. 이런 말들은 인간 내면의 꿈틀거리는 욕망을 다 짓밟아버린다. 아기들은 다 천재성을 가지고 태어난다. 그 천재성을 우린 짓밟혀오면서 자라난다. 아이가 좋아하던 것을 격려 받고 지원 받았을 때 10년 뒤, 20년 뒤에 어떤 존재가 될지는 아무도 모르는 것인데, 어른들은 쉽게 판단한다. 부모의 이런 판단은 아이에겐 심판이다.

이런 심판들은 아이에게만 일어나는 게 아니다. 어른들에게도 일어난다. 자신이 자신에게 심판을 내린다. '넌 안돼. 재능이 없잖아. 그냥 지금 당장 할 수 있는 걸 하자.' 만약 내가 이 책들을 만나지 못했으면 아마 지금 이렇게 글을 쓰고 있는 나도 없었을 것이다. 글을 잘 쓰기 때문에 이렇게 글을 쓰는 것이 아니다. 좋아하기 때문에 쓴다. 그리고 앞으로 계속 성장할 것이란 믿음이 있기 때문에 쓴다. 재능은 훈련되는 것이다.

마지막으로 알아야 할 요건은 '장기적인 관점'이다. 무언가를 잘하게 되는 데는 '시간'이 필요하다. 좋아하는 일이 있고 열심히 한다고 해서 몇 달만에 전문가가 될 수는 없다. 좋아하는 일을 잘하는 수준으로 만들기 위해서 장기적으로 계속 노력해 갈 것이란 태도를 가져야 한다. 그리고 그렇게 장기적으로 이어나갈 환경을 구축하는 것이 필요하다. 꿈이 충분히 숙성되고 훈련될 수 있는 환경을 조성해야 한다. 어느 정도는 일을 하면서 병행을 한다든지, 다른 수입원을 고려한다든지 장기적으로 이 꿈을 유지해 나갈 지혜로운 접근이 필요하다. 무작정 순간적인 열정에 동기화되어 뛰어들면 자신의 꿈을 오히려 위태롭게 만들어버리는 꼴이 된다.

좋아하는 일에만 몰입하면 무엇이든 결과물이 생길 것이란 생각은 환상이다. 금방 현실의 벽에 부딪혀 꿈은 역시 꿈일 뿐이라며 스스로의 잠재력을 한계지어 버릴 수 있다. 나도 가이드 일을 그만두고서 내 꿈을 위한 이 길에서 흔들렸던 적이 많았다. 장기적으로 생각하자며 스스로를 다독이지 않았다면 버텨내지 못했을 것이다. 자신의 꿈을 소중히 여긴다면 더 조심히 다루어야 한다.

나무의 씨앗을 보면 많은 것을 배울 수 있다. 어떤 좋은 흙 속에서 씨앗 상태로 몇십 년을 견디고서 싹을 틔운다고 한다. 빛, 수분, 영양분이 씨앗이 자라나기에 적절한 조건인지 파악하고 고개를 내민다. 인간의 꿈도 하나의 씨앗이다. 적절하지 않은 환경에서 틔운 싹은 쉽게 죽어버릴 수 있다. 자신의 꿈을 위해 환경을 구축하자. 내 씨앗이 싹을 틔우고 건강한 나무로 자라날 수 있도록.

자신을 망치는 습관. 서로를 좀먹는 인간관계. 숨 막히는 환경. 지독히도 없애버리고 싶은 것들이지만 우리는 막상 도망가기를 주저한다. 벗어나는 것을 두려워하는 가장 큰 이유는 새로운 도전에 의해 생겨나는 통증이 현재 내가 이미 느끼고 있는 고통보다 더욱 커 보이기 때문이다. 현재의 아픔은 이미 겪어 내고 있기에 견뎌낼 만한 것이다. 하지만 새로운 시도로 초래될 고통은 아직 겪어 보지 못한 미지의 고통. 미지의 것들은 언제나 상상력의 크기만큼 정신을 집어삼킨다.

'무서워, 차라리 참고 사는 게 나아.'

나아가지 않으면 아무것도 나아지지 않는다. 설령 상황이 더욱 악화될 지라도 나아가야 한다. 다른 어느 누가 나를 버릴지라도, 나는 나를 버려선 안 된다. 인간은 행동을 스스로 결정함으로써 그 결과에 대한 책임을 스스로 감당할 수 있는 힘이 길러진다. 결국 그렇게 한 걸음씩 성장할 수 있다.

천재를
이기는
방법

　우린 누구나 최고가 되길 바란다. 타인보다 더 우월해지고 싶은 욕구는 우리 본능에 내재되어 있다. 타인보다 더 나은 점이 있다는 것은 사회생활을 할 때도 장점이 된다. 사람들은 무언가를 잘하는 사람에게 배우고 싶어 하고 그들을 닮아가고 싶어 한다. 그래서 우린 선택과 집중이라는 키워드를 중요시 여긴다. 장인정신을 가지고 한 분야에서 최고의 전문가가 되고자 한다. 타인이 인정해줄 만한 '특기'를 하나 정도는 가지려 노력한다.

　나도 나만의 특화된 기술을 얻고자 집중했고 중국어에만 열심히 파고들었다. 중국어 분야에서는 독보적인 존재가 되고자 하는 욕심이 있었고 그런 길을 가고자 다른 모든 것들은 뒷전으로 미루어 두었다. 하지만 공부를 해도 해도 '최고'라는 희망은 넘을 수 없는 벽처럼 느껴졌다. 알량한 실력이 조금 늘더라도 언제나 나보다 더 잘하는 사람들은 모래사장의 모래알처럼 많다는 것을 깨달았다. 중국어 하나에만 집중해서 미친듯이 공부해 본 경험은 지금의 나에게도 피가 되고 살이 되었지만 만약 그때의 사고방식으로 지금까지 살아왔다면 내 인생은 우물 안 개구리 같은 삶이 되었을 것이다. 그때 난 헛된 것을 좇고 있다는 것을 몰랐다.

한 가지 기술, 한 가지 분야만 열심히 하다 보면 어떤 현상이 벌어질까? 끝없는 경쟁의 고리로 들어가게 된다. 진짜 타고나게 잘해서 지식과 기술의 최전선에 가게 된다면 선도자가 될 수 있겠지만 그렇게 되려면 평생을 들여 시간과 에너지를 들여야 하는 험난한 길이다. 단순히 능력의 본질 한 가지에만 접근하는 것은 양날의 검이다. 콜로세움에서 검투사들이 싸우는 것과 같다. 오늘 이기더라도 내일 더 강한 적을 만나야 하고 열심히 살아남아 최고가 되더라도 새로운 적수들과 끝없이 싸워야 한다.

반드시 최고가 되어야 하고, 그런 최고가 아니면 바로 도태될 것이란 두려움을 가지는 사고 방식은 우리 삶을 더욱 위태롭게 만들 수 있다. 많은 사람들이 이런 최고가 되기 위해 나아가는 길만이 오로지 옳은 길이고 유일한 길이라고 여긴다. 영어 공부를 하면 원어민만큼 유창하게 잘해야 하고 운동을 하려면 그 운동 분야에서 최고가 되지 않으면 아무런 쓸모가 없을 것이란 태도다. 결국 천재가 아닌 그저 평범한 존재라면 무언가를 배우고 도전하기보단 열심히 학교 다니며 스펙 쌓아서 좋은 직장에 들어가는 게 최선이라고 여긴다. 하지만 우리에게 소위 천재라고 하는 타고난 능력을 가진 사람들을 이길 수 있는 방법이 있다면 어떨까?

<타이탄의 도구들>(팀 페리스 저, 2017)이라는 자기계발 분야의 저명한 책이 있다. 이 책에서 천재를 이기는 방법에 대해 알려주는 것을 읽고 큰 공감을 받았다. 의식적으로 깨닫진 못했지만 나도 모르게 이미 해오던 일이어서 반갑기도 했다.

저자 팀 페리스는 뭔가 남다른 삶을 원하면 선택 가능한 길이 두 가지 있다고 말한다. 첫 번째, 특정한 한 분야에서 최고가 되는 것. 두 번째, 두 가지 이상의 일에서 매우 뛰어난 능력을 발휘하는 것이다. 이때 첫 번째 방법으로 특정한 한 분야에서 최고가 된다는 건 최소한 0.1프로가 되어야

한다는 이야기이다. 하지만 두 번째 방법에서는 두 가지 이상의 분야를 상위 25퍼센트에만 들면 된다고 이야기한다.

첫 번째 경우는 1등, 즉 최고의 몫이다. 가수가 되려고 해도 공중파에 나올 정도로 월등한 가수이어야 하고, 축구 선수가 되려면 국가대표는 되어야 하고, 한국에서 공부 좀 한다 하면 서울대 정도는 가야 한다. 될 수만 있다면 최고의 선택이라고 생각한다. 나도 한 가지 분야에 정통한 사람을 매우 존경하고 내가 좋아하는 분야에서 나 또한 정통해지고자 노력하고 있다.

그렇지만 어렸을 때부터 한 분야에 10년 이상 에너지를 쏟아 부을 수 있는 환경이 조성되고 좋은 스승까지 만날 수 있다면 충분히 투자해볼 가치가 있겠지만 이미 사회에 나와서 먹고 사는 문제까지 떠안게 된 사람이 한 분야에만 모든 시간과 에너지를 투자하는 것은 어려움이 있을 수밖에 없다. 특히 자신 이외에 부양가족이 있는 경우는 한 가지 분야에 몰입하는 생활을 영위하는 것은 거의 불가능에 가깝다.

하지만 두 번째 방법은 비교적 쉽다. 누구나 자투리 시간에 일정한 노력만 들이면 상위 25퍼센트까지는 누구나 올라갈 수 있다. 그런 분야를 두 가지 이상 만들어서 그것을 융합하는 것이다.

난 중국어를 잘하는 사람이 아니다. 나름 열심히 공부해서 가이드 자격증도 얻었고 여행사에서 가이드 일을 한 경험을 가지곤 있지만 오랫동안 해외에서 유학을 하고 중국어를 깊이 있게 공부한 사람들과 비교하면 손톱 끝의 때 같은 중국어 실력을 가지고 있다. 사실 중국어 실력만을 따지면 중국어 능력자 중에서 상위 25퍼센트 안에 들 수 있을지도 의문이다. 하지만 어떻게 이런 내가 중국어 유튜브 채널을 운영하고 중국어 베스트셀러 회화 교재를 썼으며 사이트에서 중국어 인터넷 강의를 진행할 수 있었는지를 생각해보자.

난 유튜브를 시작하면서 나 자신이 진짜 잘할 수 있는 게 무엇일까 고민했다. 유튜브를 시작하던 당시의 나는 중국어를 배운 지 채 3년도 되지 않은 상태였고, 그나마 2년 정도는 단순 암기식 공부만 해온 상태라서 실력도 썩 좋지 않았다. 단순 중국어 실력으로 승부해서는 절대 승산이 없는 것이다. 하지만 난 결합시켰다. 중국어에 대한 기초 지식과 남에게 알려주는 능력을.

난 어렸을 때부터 설명하고 가르쳐 주는 것을 좋아했다. 먼저 공부한 것을 친구들에게 알려줄 때면 기쁨이 느껴졌고 그러다보니 더 많이 공부하고 알려주는 것을 반복했다. 그러다 보니 친구들은 내가 참 알기 쉽게 설명을 잘한다고 칭찬을 해 주었다. 때로 선생님보다 더 잘 가르친다는 말을 들을 때면 우쭐하기도 했다. 공부 뿐만 아니라 드럼이나 기타같은 악기를 익히고 나서도 주위 친구들에게 알려주는 걸 좋아했다. 어떻게 보면 가르쳐주는 실력은 얼마 안 되는 내 짧은 인생 통째로 시간을 들여 훈련했다고 해도 과언이 아닌 나만의 스킬인 것이다. 그래서 난 이 두 가지를 접목했고 유튜브에서 기초 발음부터 중국어를 가르쳐주기 시작했다. 물론 가르치는 것에는 자신이 있었지만 아직도 중국어 지식과 회화실력은 부족함이 많아서 계속 공부를 병행하면서 진행했다. 이렇게 하다 보니 내 중국어 실력은 이전에 가이드 일을 할 때보다도 더 발음이 좋아졌고 언어에 대한 지식도 날이 갈수록 늘어 갔다.

축구라는 재능을 가지고 있는 사람이 갈 수 있는 길은 오로지 국가대표가 되는 것뿐일까? 아니다. 단순히 필드에서 뛰는 축구 실력만으로 승부를 하려면 무한경쟁의 골에 빠지게 될 것이다. 물론 그런 경쟁의 세계도 큰 매력이 있고 가치가 있겠지만 그 길만이 유일한 길이라고 생각하는 건 더 많은 선택지들을 놓쳐버리는 꼴이다. 꼭 축구선수가 되지 않더라도 축구라는 재능을 살려 무슨 일을 할 수 있을까? 두 가지를 결합하면 된다. 축구실력과 글쓰기 재주를 결합하면 축구 칼럼을 쓰고 축구 기사를 쓸 수 있다. 축구 관련 책을 내볼 수도 있다. 말하기 재주와 결합하면 축구캐스터가 될 수도 있을 것이고, 분석 능력, 리더십과 결합하면 코치나 감독의 길로 나아갈 수 있다. 유아교육에 대한 열정이 있다면 어린이 축구교실 쪽으로 진행해 볼 수 있다. 영상편집기술과 합치면 축구 유튜브 채널을 운영할 수도 있을 것이다.

사회는 현대에 들어서면서 엄청난 격변을 거치고 있다. 예전에는 거의 농업이 대부분의 주업인 경우가 많았고 다른 업종에 있더라도 평생을 한 업종에 종사하는 경우가 많았다. 하지만 이제는 완전히 세상이 바뀌었다. 존속가능성이 20년 이하까지 떨어진 직업도 많고 '평생 직장'이라는 개념 자체가 의미 없는 시대가 되어버렸다. 이제 현대는 단한 가지 능력만 고집하다 보면 오히려 더 쉽게 도태될 수 있다. 두 가지 능력 이상을 결합하는 것이 오히려 필수적인 시대가 되었다. 융합형 인재가 되어야 하는 것이다. 인터넷의 발달로 세상이 연결된 것 또한 융합형 인재들이 더 활기차게 자신만의 다양성을 뽐내도록 만들어 주었다. 자신의 기술을 특수한 취향에 맞게 잘 가공만 시키면 그 특수한 분야를 원하는 많은 사람들과 연결될 수 있다. 과거에는 비인기 종목이면 설 자리 자체를 얻지 못했다. 하지만 지금은 각자의 취향에 공감하는 사람들끼리 인터넷에서 결집되어 새로운 리그를 만들고 있다.

좋아하는 것이 있다면 그것을 상위 25퍼센트 안의 실력으로 갈고닦아 보자. 그리고 자신의 성향과 잘 맞는 또 다른 기술과 융합시켜 보자. 당신이 좋아하는 그것을 똑같이 좋아하는 사람들이 이 세상엔 널려 있다. 그리고 당신이 가진 그 능력을 원하는 사람이 이 세상 곳곳에 숨어 있다. 잘하는 사람이 살아남는 게 아니라 진정으로 좋아하는 게 있는 사람이 살아남는 시대를 즐길 수 있으면 좋겠다.

끈기를
가지는
세 가지 방법

　탁월하다는 성공자들은 자신만의 강점과 원칙을 가지고 있다. 그 중 공통적으로 가지고 있는 것이 바로 끈기다. <그릿>(앤절라 더크워스 저, 2016)이라는 책에서는 이 끈기의 중요성에 대해 말하면서 큰 성공을 이룬 사람들의 가장 주요한 요인이 이 끈기라고 강조한다. 사실 끈기가 중요하단 걸 모르는 사람은 없을 것이다. 문제는 그 끈기를 어떻게 가지는가일 것이다. 어떻게 하면 한 가지 일을 오랫동안 지속할 수 있을까? 한 가지 일을 유지하는 것도 쉬운 일이 아니고 주위의 유혹을 이겨내는 것도 쉬운 일이 아니다. 또한 주위 유혹보다 더욱 무서운 것은 자신의 마음이 변하는 것일 테다. 어떻게 하면 자신이 정한 원칙을 계속해서 밀고 나갈 수 있을까?

첫 번째, 이유를 알아야 한다. 왜 끈기를 가지고 이 일을 이어나가야 하는지 명확해야 한다. 지루해서 오늘만큼은 마음껏 놀고 싶을 수 있다. 때로 지치고 힘들어서 좀 쉬고 싶을 수 있다. 그런데도 불구하고 나는 왜 이 일을 지속해야 하는지 그 이유를 알아야 한다. 아무리 좋아하는 일이더라도 매일 이어가는 건 쉽지 않은 일이다. 그림 그리기를 세상에서 제일 좋아하는 사람도 매일 한 작품을 그려 내는 건 쉽지가 않다. 그림 그릴 기분이 아닐 때가 있을 수 있고, 재료가 충분치 않을 수 있다. 근데 그럼에도 불구하고 내가 정한 오늘의 원칙을 이끌어 나가기 위해서는 자신을 이끄는 아주 강력한 이유가 있어야 한다. 왜 이 일을 하고 있는가. 취미 정도로의 동기로는 부족하다.

우린 어떠한 분야든 쉽게 재미를 느낄 수 있다. 게임이든 운동이든 한 번도 안 해봤을 때는 그 재미를 모르지만, 막상 조금만 배워보고 일정수준의 실력만 생기면 모든 사람이 즐기게 된다. 그게 인간의 본성이다. 한 분야에 기초적인 스킬이 생겨나면 재미를 느낀다. 하지만 이런 느낌도 잠시다. 취미 정도의 수준을 넘어서서 더 높은 실력으로 다가가다 보면 곧 벽을 만나게 된다. 보통 슬럼프라고 표현한다. 실력이 느는 게 느껴지지 않는 고통의 단계다. 그리고 대부분 그 분야에 대한 재미도 없어지는 단계다. 이럴 때조차도 계속 지속할 수 있는 자신만의 동기가 필요하다.

그저 '난 잘하고 싶으니까' 정도의 동기가 아니라 실력을 얻고 난 다음에 목표한 바가 무엇인지에 대한 확실한 이유가 있어야 한다. '한 분야의 전문가가 되어 타인에게 선한 영향력을 끼치고 싶다.' 와 같은 동기가 될 수도 있을 것이고 '돈을 많이 벌어 그 돈으로 내 가족들, 내 사람들만큼은 돈 걱정 없이 살게 할 것이다.' 와 같은 이런 동기도 될 수 있을 것이다. 자수성가한 사람들을 보면 대부분 한 가지 이상의 뼈아픈 스토리가 있다. 그 스토리가 자신이 성공해야만 하는 강력한 동기가 되어 준다.

왜 성장해야 하는가, 왜 성공해야 하는가, 왜 이 하루를 내가 정한 이 원칙으로 가득 채워야 하는가 하는 이유. 그걸 알아야 한다. 내가 끈기를 가지는 이유는 내가 정말로 좋아하는 '독서와 글쓰기' 라는 이 활동을 어떠한 제약을 받지 않고도 누릴 수 있는 환경을 만들기 위함이다. 내가 살아가는 이 사회가 앞으로 어떤 모습으로 변해 갈지 난 모른다. 또 그 변화가 내 삶을 어떻게 뒤흔들지도 모른다. 그렇기에 어떠한 지진에도 견뎌낼 수 있는 강력한 지지기반을 구축해놓기 위함이다.

끈기를 가지는 두 번째, 난이도와 환경을 조성해 주어야 한다. 쉽게 풀자면 '간단한 것부터 하기' 그리고 '같은 장소, 같은 시간에 하기'이다. 자신이 성장해야만 할 이유를 알았다고 무작정 시도하면 실패로 그치기 쉽다. '하루에 10시간씩 공부할 거야.', '10시간씩 그림그릴 거야', '10시간씩 운동할거야.' 이렇게 하면 작심삼일은커녕 하루도 성공하기 힘들지 모른다. 성공하기 위해서 가장 중요한 것은 '끈기'다. 아주 간단한 목표부터 이뤄 가면서 성공의 경험을 쌓아가야 한다. 성공 경험이 쌓이면 이 일 자체가 즐거워지고 '나도 할 수 있다'라는 자신에 대한 믿음이 생겨난다. 결국 이 일 자체가 즐거운 일이 되게 되어 꾸준히 하기가 쉬워진다.

자신에게 맞는 난이도를 설정했다면 이 활동들을 같은 장소, 같은 시간에 해 주어야 한다. 우린 성공한 사람들의 일상을 상상한다. 엄청난 의지력과 끈기를 가지고, 필사적으로 훈련하는 모습들을 상상한다. 하지만 그런 위인들과 하루만이라도 같이 있어 본다면 그들도 평범한 사람들이란 것을 발견할 수 있다. 사실 그들만큼 평범하고 단조로운 일상도 없을 것이다. 정해진 시간에 일어나서, 정해진 시간에 밥을 먹고, 정해진 시간과 장소에 자리에 앉아서, 골똘히 자기가 하고자 하는 일에 매진한다.

'그게 다야?' 라고 묻는다면 맞다. 그게 다다. 중요한 것은 엄청난 의지력을 가지고 자신이 하지 못할 일을 실행하는 것이 아니다. 자신만의 원칙을 가지고 규칙적인 습관을 만들어 가는 것이다. 이때 정해진 시간과 정해진 장소는 매우 중요하다. 인간의 뇌는 어떤 장소에서 한 행동을 했을 때 그 장소에선 그 행동을 하는 게 점점 쉬워진다. 잠도 매일 자던 곳에서 더 잘 들게 되고 볼 일도 매일 보던 곳에서 쉽게 본다.

그래서 공부하는 장소와 잠자는 장소를 분리하는 것 또한 지혜로운 접근이다. 잠자는 장소에서 공부를 하다 보면 뇌는 잠자고 싶다는 생각도 동시에 하고 있기 때문에 공부가 힘들어질 수밖에 없다. 난 카페에서 독서와 글쓰기를 한다. 사무실엔 나만의 조용한 서재가 준비되어 있지만 카페에서 독서하는 것만큼 집중을 잘 하지 못한다. 서재는 유튜브 촬영과 편집 업무, 인터넷 강의 제작 등의 업무를 보는 장소이기도 해서 독서와 글쓰기에 오롯이 집중하지 못한다.

그래서 매달 카페에 들어가는 커피값이 녹록지 않지만 난 이 돈을 아깝게 생각하지 않는다. 독서하고 글쓰기에 필요한 집중력을 제공해주는 대가라고 생각한다. 좋아하는 커피까지 마시니 금상첨화다. 카페에 가면 들고 간 책에만 오롯이 집중할 수 있다. 글쓰기를 하기 위해 노트북을 열면 글 하나에만 집중하게 된다.(카페에선 유튜브나 웹서핑을 하지 않으려 제한을 둔다.) 서재에 있을 때 드는 온갖 업무들의 유혹이 생기지 않는다. 그래서 난 카페에 가는 시간만 잘 정하면 된다. 보통 하루의 업무가 끝나고 카페를 찾는다. 이 장소에만 오면 독서를 해야 한다는 의지력, 글쓰기를 해야 한다는 의지력이 들지 않는다. 이 장소와 시간만 지키면 난 자연스럽게 작가가 된다.

세 번째, 과정을 소중히 여겨야 한다. 더 나아가서는 과정 자체를 즐기면 좋겠다. 뻔한 이야기라고 느껴질 수 있겠지만 뻔한 것 안에는 삶의 지혜가 들어 있는 법이다. 우린 한 가지 일을 진행하면서 그 과정 자체를 즐기지 못 할 때가 많다. 어서 열심히 이 과정을 버텨내서 놀라운 성과를 얻어야지라고 기대감을 가진다. 성과라는 목표를 가지는 것은 좋다. 하지만 이 마음이 너무 크다 보니 현재의 과정에 집중하지 못한다. 답답함과 짜증만 더 커진다. 목표와 한참이나 떨어져 있는 현재의 모습이 싫어진다. 이러다보면 이 일 자체가 재미가 없어지기도 한다.

과정을 소중히 여겨야 한다면 어떻게 해야 할까? 1년, 3년, 5년 등의 목표를 잡고 그 '장기 목표'만 바라보고 가다 보면 과정을 즐기기 어렵다. 너무 머나먼 일이기 때문이다. 이 장기 목표를 쪼개야 한다. 3개월, 1개월, 1주일, 하루, 1시간 이렇게 아주 작은 목표로 쪼개서 단 1시간을 하더라도 그것 자체에만 집중하며 몰입하도록 해야 한다.

이때는 장기 목표는 잠시 잊어버리는 게 좋다. 장기 목표는 노트에다가 써 두는 것만으로 충분하다. 수없이 되새기면 되새길수록 장기 목표는 더 멀어질 뿐이다. 잘게 쪼갠 작은 목표를 성취할 때마다 충분히 자신을 칭찬해 줘야 한다. 잘했다고 잘하고 있다고 북돋워 줘야 한다. 1년 뒤에 이룰 성과에 김칫국부터 마시는 일을 그만둬야 한다. 오늘 하루 잘 해낸 것을 즐기는 것이다.

즐기는 자 위에 끈기를 가진 자가 있다. 즐긴다고 모든 사람이 끈기를 가지는 것은 아니다. 물론 끈기를 가지기 위해선 즐겨야 한다. 즐기되 자신의 그 즐거운 마음을 계속

이어 나갈 수 있도록 자신만의 동기를 찾고 주위 환경을 조성해 주어야 한다. 장기 목표를 쪼개 이 순간에 집중하고 몰입하는 훈련도 해야 되겠다. 좋아하는 게 있다면, 잘하고 싶은 게 있다면 오늘 이 세 가지를 꼭 기억해서 실천해 보면 좋겠다.

안상헌의 <나는 왜 변화하지 못하는가>에 한 목수의
이야기가 등장한다. 목수가 자신의 고용주에게 은퇴
의사를 밝힌다. 고용주는 마지막으로 집 한 채를 지어
주길 부탁한다. 승낙하긴 했지만 이미 일이 마음에서
떠버린 목수는 그 집을 대충대충 짓는다. 집이 거의 완
성되었을 때 고용주가 찾아와서 대뜸 현관 열쇠를 건
넨다. 이 집은 당신이 가질 은퇴 선물이며 그동안 많이
고생했다고 알린다. 목수는 그제서야 알게 된다. 자신
이 대충 짓던 그 집이 자신에게 돌아올 집이었단 것을.
만약 일찍부터 알았다면 이렇게 형편없이 짓지는 않았
을 것이라 후회한다.

지금 이 순간에 최선을 다하는 것이 얼마나 중요한 일인지 생각해본다. 우린 지금도 우리 정신의 집을 짓고 있다. 하찮은 일이든, 그렇지 않은 일이든 우린 그 일을 임하는 태도와 노력을 통해 한 걸음씩 성장해 나간다. 지금 자신에게 맡겨진 일에 소홀할수록 자신이 미래에 살게 될 집을 소홀하게 짓는 것이다. 어떤 일이든 다 배울 것들이 있다. 배움이 있고 없고의 여부는 그 자신의 태도에 달려 있다.

자퇴를 통해
배운 것

취미든 직업이든 참으로 많은 것을 그만두었다. 그리고 그런 그만둠의 작은 역사 속에서 고등학교 자퇴는 내 인생의 전환점이었다. 18살, 뭔가 엄청나게 원대한 꿈을 가지고 학교를 그만둔 것은 아니었다. 정해진 시스템의 굴레가 답답하게 여겨졌다. 혼자서 공부하면 차라리 더 낫겠다는 생각이 들었다. 학교생활에 잘 적응하지 못했던 것도 한몫 했던 것 같다. 고 2때 나는 수업시간이고 쉬는 시간이고 잠만 잤다. 점심시간에는 뛰쳐나가 미친듯이 농구를 하고 수업시간이면 다시 잠에 들었다. 선생님들도 이미 포기했던 것인지 그냥 관심 밖이었는지는 잘 모르겠다. 시도 때도 없이 잠만 자던 나를 깨우지 않고 그냥 두셨다.

지금 생각해도 신기한 것은 그때는 자도 자도 계속 졸음이 밀려왔다는 것이다. 선생님들의 목소리는 세상 최고의 자장가로 들렸다. 그런 나날이 반복되던 어느 날, 번득 나자신을 돌아보게 되었다. 고 1때는 공부도 곧잘 했던 것 같은데 지금은 완전히 공부와는 동떨어져 지내는 모습이 한심하게 느껴졌다. 무언가 새로움이 필요했다. 그때 생각한 것이 자퇴였다. 스스로 '진취적 도망'이라고 명명했다. 학교에서 잠만 자고 있는 이 시간에 열심히 공부하면 뭘 해도 되겠다는 생각이 들었다.

가족들의 반대를 반대해서 자퇴했다. 자퇴 다음날부터 나만의 멋진 공부 계획을 짰다. 그리고 멋지게 그 계획은 이루어지지 않았다. 계획은 짠다고 이루어지는 게 아니었다. 계획을 밀고 나가는 것은 그 계획을 짠 사람임을 간과했다. 멋진 자퇴생활이 실패한 요인은 두 가지였다.

첫 번째 이유. 난 그때 아무런 목표가 없었다. 이루고자 하는 확실한 목표 없이 그저 난 내가 있는 곳이 싫어서 내가 상상한 환상의 땅으로의 여행을 간 것이다. 내가 바랐던 환상의 땅에는 멋진 계획을 바로 행동으로 실천하는 내가 서 있었다. 남다른 길을 걸어 좋은 대학에 가 사람들의 존경을 받는 내가 웃고 있었다. 하지만 현실에는 아무런 목표도 없이 망상만 품고 남다른 길을 걸어간다며 스스로를 포장하는 한 사람이 앉아 있었다.

두 번째 이유. 혼자 공부하는 것의 무서움을 몰랐다. 자퇴를 하고나서 한 동안은 뭔가 들뜨고 새로운 마음으로 공부를 열심히 하긴 했다. 다른 친구들이 수많은 과목들을 공부하면서 시간낭비를 하고 있는 동안, 난 나에게 딱 필요한 것만 준비를 하면 된다 생각하니 공부 시작 자체가 즐거웠다. 하지만 그것도 잠시였다. 혼자 공부한다는 말이 의미하는 것이 뭘까? 아무것이나 해도 괜찮다는 말이다. 공부는 자기와의 싸움이다. 그 싸움을 조금 더 쉽게 하기 위해 사람들은 함께 공부하는 사람을 찾는다. 학교 시스템의 단점만 생각했지 장점은 간과하고 있었다. 혼자서 한다는 것은 공부할 내용만 통제하는 것이 아니라 나 자신도 통제해야 된다는 말이다. 혼자서는 의무감 부여도 환경 조성도 쉽지 않기 때문에 조금만 흐트러져도 모든 스케줄이 엉망이 되어버린다.

다행인 것은 이 실패의 역사가 지금의 나를 만들었다는 것이다. 이 자퇴 경험 덕분에 많은 것을 배울 수 있었다. 목표를 가져야 방향이 뚜렷해진다는 것을 알게 되었고 혼자서 무언가를 이어나가는 것이 얼마나 힘든 일인지 알게 되었다. 사회가 만들어 놓은 시스템에서 벗어나 홀로서기를 선택해 보니 그 다음부터는 도전이 쉬워졌다. 지금 홀로 하는 공부와 일도 조금 더 잘 해내게 된 것도 그때의 경험이 한몫하는 것 같다. 자퇴를 하고 혼자만의 입시생을 보낸 나의 결과는 대학 진학 실패였다. 경험 자체만 본다면 '실패' 그 이상도 그 이하도 아닐 것이다. 하지만 난 내 인생을 스스로 책임져나갈 힘을 얻었다.

승수효과라는 말이 있다. 특정 분야에서의 아주 작은 이득이 훨씬 큰 이득을 발생시키는 일련의 사건을 일으킬 수 있다는 말이다. 인생을 살다 보면 혼자서 공부하는 법을 익혀야 하는 순간이 반드시 온다. 만들어진 시스템은 자기 자신을 통제하는 능력을 길러주지 않는다. 통제력은 스스로 배워야 한다. 실패의 기간이 나를 단련해 주었다. 물론 혼자서 무언가를 하는 게 힘들다고 지금도 느낀다. 하지만 난 그것이 힘든 줄 알기에 버텨 나갈 수도 있다.

인생의 성과는 소위 말하는 타고난 재능이 이루어 주지 않는다. 나를 통제하는 힘, 매일의 꾸준함, 끈기가 만들어 준다. 어려운 선택도 반복하면 쉬워진다. 어려운 공부도 하다 보면 쉬워진다. 고등학교뿐만 아니라 평생이 이런 선택의 연속이다. 어떤 결정을 하든 우린 선택을 하며 스스로의 인생을 책임지는 법을 배운다. 고등학교 시절 내 작은 선택이 내 삶의 길을 바꾸었다. 사회가 만들어 놓은 대로가 아니었기에 온갖 수풀을 헤쳐 나가는 것이 쉽지는 않았다. 나만의 커리어를 쌓는 길이 처음에는 아무도 커리어라고 인정하지 않았다. 하지만 이 길은 경쟁이 없는 길이었기에 나를 진정으로 나답게 만들어주었다. 나만의 세계에서 난 독보적인 존재가 되었다.

아무리 노력해도
정체되어 있다
느낄 때

　내면을 성장시키는 것에 대한 중요성을 인식한 이후 닥치는 대로 책을 읽으며 본격적인 자기계발의 길로 들어섰다. 독서하며 좋았던 내용들은 노트에 정리하면서 매일 성장하는 느낌을 만끽했다. 그때는 한껏 고무되어 있었고 오늘 성장한 만큼의 즐거움이 내일 지속한 동기를 만들어 주었다.

　그런데 이런 고무되고 들뜬 상태도 어느 순간 사그라들기 시작하고 반복된 하루들이 나를 채워 주기보다는 점점 고갈시킨다는 느낌을 받았다. 이렇게 노력하며 성장하는 것이 무슨 소용인가 싶은 마음이 들기도 했다. 이런 내면의 성장을 누군가가 알아줬으면 싶은 마음이 들어서일까. 매일 이렇게 성장하는 것만으로도 평생 살아갈 수 있겠다 생각했던 처음의 그 즐거움도 어느 순간부터는 무료하게 느껴졌다.

쉬어도 쉬는 것 같지가 않고 공부해도 남는 것이 없는 것 같은 상태가 되었다. 게다가 혼자서 전체의 하루를 계획하고 진행하다 보니 나의 모든 행동들에 '의지력'이 사용되었다. 뭔가를 하도록 결정하는 의지력은 사용하는데 한계를 가진 배터리 같은 것이다. 일할 때도, 쉴 때도 의지력을 사용하다 보니 이 생활이 괴로워지기 시작했다. 차라리 직장 다니는 것이 속 편하겠다는 마음이 불쑥 올라왔다. 직장을 나가면 내가 출근을 할지 안 할지 선택해야할 의지력이 필요하지 않다. 아침에 일어나서 준비하는 게 힘든 거야 당연하지만 어쨌든 어쩔 수 없이 가야하는 것이기에 갈까 말까 고민할 필요가 없어진다.

혼자서 일을 하다 보면 정해진 시간에 누군가가 나를 붙잡고 내가 좋아하는 일을 하도록 감독해줬으면 좋겠다고 생각할 때가 있다. 말도 안 되는 걸 바라고 있는 것이다. 혼자서 무언가 창조적인 일을 해보겠다고 선택한 이 길에, 또다시 어딘가 종속되어 아무 생각 없이 움직이는 기계가 되고 싶은 욕구가 들끓는다. 차라리 채찍질을 바라는 이 노예

근성을 어쩌란 말인가.

인간은 자유를 미친 듯이 바라지만 정작 조금의 자유를 허락 받았을 때는 그것을 잘 사용하지 못해 고통 받는다. 한 조사에서 인간이 가장 우울함을 느끼는 시간이 일요일 오전 시간대였다고 한다. 우리의 생각은 그 시간이 가장 즐겁고 행복한 시간이라고 단정짓지만 정작 그 시간을 보내는 몸과 감정은 불행하다고 느끼는 것이다. 허락된 자유의 시간에 공부를 하든 제대로 된 휴식을 취하든 선택을 해야 하는데 그 일과 휴식의 중간에서 선택하지 못하고 고통 받는 것이다.

사람들은 시간만 있으면 뭐든 다 할 수 있을 것처럼 이야기하지만 나만의 시간이 주어지면, 처절하게 나약한 자신의 모습과 맞닥뜨리게 된다. 나도 참 이런 나약한 자신에게 못된 말을 많이도 퍼부었었다. 지금도 때로 습관이 무너져 생활이 엉망진창이 되면 나약한 나 자신이 미울 때가 있다. 그래도 다행인 것은 이런 나와 온전히 마주하는 나약한 순간들을 견뎌내며 반성하면서 조금씩 강인해 진다는 것이다. 그저 누군가의 도움으로, 또는 어떤 시스템의 도움으로 나를 성장시키다보면 그렇게 얻은 성장은 언젠가 자신과 마주했을 때 버텨낼 힘이 부족할 것이다.

미드 <로스트>를 보다가 재미있는 장면이 눈에 들어왔다. 나방의 고치 이야기이다. 등장인물인 '로크'는 마약 중독에 빠진 '찰리'에게 마약을 끊도록 권유한다. 그리고 가지고 있던 마약은 자신이 보관한다고 이야기한다. 여기서 재밌는 것은 로크는 찰리에게 자신에게 언제든 마약을 돌려받을 수 있다고 알려준다. 며칠간 버티다가 찰리는 로크에게 마약을 돌려 달라고 말한다. 로크는 다시 한번 참아보기를 권유하며 다음에 다시 요청하면 돌려주겠다고 한다. 이때 찰리는 왜 마약을 바로 처분하지 않고 자꾸 돌려주겠다고 하는지 이유를 묻는다. 이때 로크는 숲 속에 있는 나방의 고치를 보여주며 이렇게 설명한다. 고치 속에서 나방이 나오려고 할 때 칼로 살짝만 고치를 열어주면 훨씬 더 쉽게 나방이 세상에 나올 수 있지만 그렇게 되면 나방은 얼마 살지 못하고 죽을 것이라고. 그 딱딱한 고치를 헤치고 나오는 과정을 통해서 나방은 더 멀리 날아갈 힘을 얻는다고 말이다.

우린 나방이 그저 고치 속으로 들어가 기다리기만 하면 날개가 생겨 훨훨 날아갈 수 있다고 생각한다. 고치 속에서 자신의 몸을 변화시키는 고통을 참아내는 나방은 보지 못하고 최종 결과물만을 본다. 자신의 몸을 변화시키고 딱딱한 고치를 헤쳐 나오는 과정 자체가 중요하다. 고치에서 빠져 나오는 걸 도와주면 충분히 강해지지 못한 나방은 쉽게 죽을 것이다.

인간은 어서 빨리 고치를 벗어나서 훨훨 날아가고 싶어 한다. 날아오르는 영광을 얼마나 더 오래 누릴지는 관심이 없다. 복권 당첨이 되어서 일확천금을 얻은 사람들이 얼마 못가 돈을 다 탕진하는 이유도 여기에 있다. 돈을 직접 벌어보지도, 그 돈을 관리해 보지도 않았기 때문에 그 돈을 관리할 지식과 경험이 없다. 돈의 가치 또한 모른다. 직접 한 푼 두 푼 차곡차곡 모아서 부자가 된 사람들은 자신의 돈을 어떻게 관리하고, 투자를 하더라도 리스크 관리를 어떻게 해야 할지 알고 있다. 온갖 시행착오의 경험이 그 사람을 성장시키는 것이다.

나 자신을 성장시키는 여행을 떠나 보면 언제나 즐겁지만은 않은 것 같다. 성장하는 즐거움으로 한껏 고무될 때도 있지만 이 성장이 아무런 결과물이 되지 않는 것 같아 답답할 때도 있다. 이럴 때마다 고치를 생각한다. 지금 '고치'

속에서 나방으로 바뀌고 있는 중이다. 그리고 난 이 고치 속에서 충분히 배웠으면 좋겠다. 충분히 강해지고 싶다. 앞으로 내 삶 속에 어떤 풍파가 닥치더라도 아무 일 아닌 듯 하나씩 헤쳐 나가는 강인한 존재가 되고 싶다. 가끔 빨리 날아가고 싶다는 욕망이 떠오를 때도 있지만 그게 나에게 별로 도움이 되지 않는다는 것을 생각한다. 이 고치에서의 기간을 잘 보내면 보낼수록 우린 더 강인한 생명체가 될 수 있을 것이다.

3부

살아가다

하루를 행복에 가까운 일들로 채워서
어제보다는 더 행복에 가까운 하루를 만들어보자.
그 하루들이 계속 반복될 때
그렇게 축적된 매일의 힘은
내 삶을 완전히 변화시킬 수 있을 것이다.

성장만큼
중요한 것

성장하는 것은 참 즐겁다. 외국어 실력이 늘든 독서를 통해 의식이 성장하든 축구 실력이 나아지든 조금씩 늘어가는 그 느낌이 너무나 좋다. 그렇기에 매일 점진적으로 성장할 수 있는 활동으로 하루를 가득 채우는 것을 중요하게 여겼다. 체해 봐야 급하게 먹지 말걸 후회를 한다. 성장하는 그 재미가 강해져서 집착이 되다보니 몸 상태는 고려하지 않고 몰아친다.

특히 유튜브에 영상을 올리다 보면 이럴 때가 잦다. 새로운 영상에 대한 아이디어는 쉴 새 없이 떠오르고 채널 반응도 갑자기 올라갈 때가 있다. 이럴 때면 한 영상을 만들고 또 쉬지 않고 다음 영상을 만드는 데 에너지를 쏟아 붓는다. 다크서클은 한없이 내려오지만 정신은 피곤한 줄을 모른다. 각성제를 먹은 것처럼 일하는 에너지가 넘쳐흐른다. 원래 올리려던 스케줄보다 더 과하게 몰아쳐서 채널을 빨리 성장시키려는 조급함이 머릿속을 지배한다. 그리고 어느 순간 영상의 반응이 이전 영상보다 조금 줄거나, 부정적인 피드백을 보면 바로 이 정신의 각성이 풀려버린다. 피곤이 온몸을 감싼다. 몸의 피로는 둘째 문제다. 정신이 피폐해진다. 내가 무얼 위해 성장을 추구하는지 정체성의 혼란이 온다. 그렇게 작은 번아웃을 앓는다. 회복되는 데는 며칠 또는 몇 주가 걸리기도 한다. 이런 과정을 거치며 성장만큼이나 중요한 것이 있다는 것을 깨우친다. 휴식이다. 성장에 집착하다 보면 휴식의 중요성을 놓칠 때가 많다. 성장하는 재미에 푹 빠지다보니 쉬는 시간도 아깝게 느껴지기 때문이다.

미드 <로스트>에서 또 재미있는 에피소드가 기억 난다. 비행기를 타고 가던 승객들이 정체불명의 섬에 추락한다. 사고에서 살아남은 사람들끼리 구조대가 올 때까지 최대한 생존 방안을 모색한다. 그리고 이들은 섬에서 살아남기 위해 정말 바쁜 하루하루를 보낸다. 과일을 따고 멧돼지 사냥을 하고 물을 찾으러 다닌다. 임시 거처를 마련하고 다친 사람을 간호하고 혹시 모를 위험에 대비한다. 그렇게 반복

되는 바쁜 나날을 보내다 보니 사람들은 점점 신경질적으로 변해간다. 잠은 부족하고, 생존에 대한 두려움은 커져만 간다.

여기서 그들의 긴장감을 해소하는 계기는 '헐리'라는 인물이 골프장을 만들면서부터다. 처음에는 사람들이 그에게 잔소리를 한다. 살아남기 위해서 한시도 쉬지 않고 움직여야 할 이 상황에서 한가롭게 골프장이나 만들고 있었으니. 하지만 헐리는 그에 굴하지 않고 한두 게임만 해보자며 그들을 설득한다. 그런데 골프를 치기 시작한 그 순간부터 사람들 태도가 조금씩 바뀌기 시작한다. 잔뜩 긴장된 마음을 잠시 내려놓고 휴식을 취하게 된 것이다. 골프에 집중하는 그 순간만큼은 생존에 대한 어떤 걱정도 없었다. 그리고 그들은 숨 막히게 달리기만 하지 않아도 괜찮다는 생각을 하게 된다.

이 짧은 장면에서 우리 삶의 단편을 볼 수 있었다. 섬에서의 사람들도 살아남으려고 발버둥치는 것이고 우리 또한 이 삶이라는 섬에서 살아남으려고 발버둥치고 있는 것이다. 자신의 삶을 위해서 노력하며 열심히 살아가는 것은 참 좋은 일이다. 하지만 알아야 할 것이 있다. 아무리 우리의 삶이 극단으로 치닫는다고 해도 우린 인간이기에 쉬지 않고 계속해서 나아가기만 하는 것은 불가능하다는 사실이다. 우리가 이걸 인정하지 않고, 자신의 한계 이상으로 계속해서 몰아붙이는 하루를 반복하다 보면 고갈될 수밖에 없다. 그리고 고갈된 후로 사용되는 에너지는 결국 정신력과 체력, 즉 우리의 생명력일 것이다. 쉬지 않으면 안 될 것 같이 처절한 상황에 처할 때도 있겠지만 그런 처절한 상황을 견뎌내기 위해서라도 잠깐의 휴식이 중요함을 알아야한다. 휴식의 목적은 회복이다. 앞으로 나아갈 새로운 활력을 얻기 위함이다. 휴식은 성장만큼 중요하다.

어떻게 휴식해야 잘 쉬는 것일까? '성장'하려면 성장하고 싶은 대상에 대한 지식과 방법을 알아야 한다. 휴식도 이런 성장처럼 지식과 방법을 알아야 한다. 많은 사람들이 휴식은 퍼질러져서 아무것도 안 하면 그게 휴식이라고 생각한다. 아니다. 쉬는 데에도 지혜가 필요하다.

사람마다의 성향에 따라 휴식의 방법 또한 달라진다. 누군가와 같이 시간을 보내며 에너지를 채우는 사람이 있고, 혼자만의 시간을 보내면서 에너지를 채우는 사람이 있다. 멀리 여행을 가는 것이 휴식이 되는 사람이 있고 반대로 여행 자체에 에너지를 소모하는 사람도 있다. 운동이나 미술 같은 취미활동으로 에너지를 채울 수도 있고 명상같이 자신의 내면에 집중하며 에너지를 채울 수도 있다. 자신에게 잘 맞는 휴식 방법이 무엇인지 먼저 알아보아야 한다.

나도 그저 놀기만 하면 그게 휴식이 된다고 착각했던 때가 있었다. 그래서 쉴 때면 게임을 했다. 그런데 게임하기 전과 후의 나의 육체와 정신 상태를 점검하면서 그게 아님을 알게 되었다. 순간의 쾌락은 있었지만 끝났을 때는 에너지가 더 고갈된 나를 발견했다. 여러 가지 활동들을 비교하며 내가 가장 에너지를 채우는 활동은 독서와 글쓰기임을 알았다. 좋아하는 책을 읽으며 가슴에서 올라오는 생각들을 노트에다가 끄적거리다 보면 나도 모르게 에너지가 들어찬다. 무엇이든 할 수 있을 것 같은 충만함을 느낀다.

게리 켈러(Gary Keller)의 <원 씽>에서 매우 중요한 통찰을 얻었다. 여러 성공한 사람들은 해마다 계획을 짤 때 휴가 계획을 우선으로 정한다. 올해 어떤 일을 할 지 결정하는 게 먼저가 아니라, 휴가 계획이 먼저라는 것이다. 왜일까? 이들은 휴가의 시간이 필요함을 안다. 재충전의 중요성을 알고 있다. 게다가 스스로가 그런 시간을 누릴 만한 자격이 충분하다고 생각한다.

이것을 보며 난 나의 태도를 고칠 수 있었다. 성장만큼 휴식을 중요하게 여기기 시작했다. 일주일의 시간을 할 일만으로 가득 채우는 것이 아니라 나만의 휴식시간을 허락하는 것이다. 각자의 삶의 스케줄에 따라서 달라질 수 있겠지만 나는 토요일, 일요일엔 영상 제작을 하지 않는다는 원칙을 정했다. 이 원칙이 없었을 때는 정신적인 여유가 하나도 없었다. 프리랜서에겐 따로 휴일 자체가 주어지지 않다 보니 매일 쉼 없이 일해야 한다는 압박을 느꼈고 오히려 생산성이 떨어지게 되었다. 휴일을 정한 이후로 일 할 때의 능률이 월등히 상승했다.

하루 계획을 짤 때도 이 방법을 실천한다.
첫 번째, 먼저 휴식시간을 잡는다.
두 번째, 그 나머지 시간에 할 일을 설정한다.
만약 휴식시간을 먼저 안배해 놓지 않았다면 아마 나의 하루는 이전처럼 종일 일해도 쉴 시간이 없었을 것이다. 휴식하면서 자신의 에너지를 채우지 않으면 우리는 성장하는 힘을 얻기 힘들다. 성장하기 위해서라도 휴식은 필수다. 자신이 무엇을 편하게 여기는지 살펴보자. 어떤 일을 할 때 에너지를 채우는지 알아보자. 자기 자신을 더 알아갈수록 성장하는 방법도 휴식하는 방법도 알 수 있다.

매일
100만원이
지급된다면

　매일 100만원씩 지급이 된다고 상상해 본다. 하지만 규칙이 있다. 이 100만원을 그날 24시간 안에 쓰지 않으면 이 돈은 그냥 사라지는 것이다. 물론 그 다음날도, 또 그 다음날도 100만원은 계속해서 지급이 될 것이다. 단, 반드시 써야한다. 쓰지 않고 모아 둔다고 이 돈이 누적되진 않는다.

　만약 이런 상황이 벌어진다면 어떻게 할까? 이건 어린아이도 알 수 있다. 일단 쓰고 봐야 한다. 먹는데 쓰든 노는데 쓰든 금을 100만원어치 사서 방 안에 쟁여 놓든 아낌없이 써버려야 가장 이득이다. 그날 다 쓰지 않으면, 그저 눈앞에서 사라질 돈일 테니 어떻게든 매일 쓰는 게 최대한 이익이 남는 행위일 것이고, 이왕이면 더 값어치 있는 일에 돈을 쓴다면 매일의 100만원어치의 가치가 축적될 것이다.

그런데 이렇게 생각하는 게 너무나 당연한 일인데도 불구하고 우리가 살아가는 현실세계에서는 당연하지 않은 일들이 매일 반복되고 있다. 우리에게 주어지는 매일의 24시간이 이 100만원이라 생각을 하면 어떨까? 우린 이 100만원을 귀한 곳에 잘 쓰고 있는 걸까? 오늘 나에게 주어진 이 24시간은 예외 없이 내일도, 또 그 다음날도 지급될 것이다. 하지만 그날 사용하지 않은 시간들은 누적되지 않고 사라진다.

오늘 나에게 주어진 이 시간은 지금 당장 사용하지 않으면 내일 돌려받지 못한다. 내일의 시간은 내일의 것이고, 오늘의 시간만이 오늘의 것이다. 돈으로 바꿔 생각하면 참 쉬운 문제지만 너무도 당연히 주어지는 것이라 여기는 시간은 내가 지금 들이쉬고 있는 산소처럼 그 소중함이 잘 느껴지지 않는다. 그래서 자주 시간이란 것이 얼마나 소중한 것인지 자주 스스로에게 일깨워주어야 한다. 지금 내가 숨쉬고 있는 이 순간을 붙잡지 않으면 1년, 그리고 또 1년, 제대로 사용도 못하고 흘려보낼 것이다.

때로는 이 시간이라는 존재가 너무도 두렵다. 인간은 시간이라는 감옥 속에 갇혀 있고 평생 갇혀 살다가 죽는 날 해방된다. 그렇기에 이 감옥 안에서 자유를 얻으려면 나를 가둔 시간이라는 존재에게 감사함을 가지고 소중히 여기는 마음을 가져야 한다.

시간은 절대로 내일을 허락하지 않는다. 시간은 지금 이 순간만 우리에게 존재한다. 내일이란 단어는 인간이 언젠가 받게 될 '지금'이라는 단어를 상상해서 만든 개념일 뿐이다.

지금 이 순간을 감사하고 소중하게 다루어야 한다. 삶에서 조금 더 자신을 살아있게 만드는 느낌을 주는 행동이 있다면 지금 이 순간을 그 행동들로 채워야 한다. 조금 더 자신을 성장시키는 생산적인 일을 하며 보내야 한다. 그리고 그렇게 시간을 보내야만 이 시간의 가치가 삶의 성장이라는 가치로 바뀌고 축적된다.

생산성을 따지는 게 너무 자본주의적 행태처럼 보일 수도 있겠지만, 인생에서 생산성이라는 것은 참으로 중요하다. 만약 오늘 한 시간 동안 독서하면서 새로운 통찰이나 지혜를 얻는다면 나는 그 한 시간만큼의 지혜들을 나의 사고력에 더해서 앞으로의 삶을 살아가게 될 것이다. 한 시간 덜 지혜로운 모습으로 앞으로의 여생을 살아가는 것과, 한 시간 더 지혜로운 모습으로 앞으로의 여생을 살아가는 것 중 선택하는 것이다. 물론 이 한 시간이 별로 큰 차이가 없는 것처럼 보일수도 있겠지만 매일 이 차이가 축적되면 그 간격은 기하급수적으로 벌어지게 될 것이다.

물론 내일도 24시간은 주어질 것이다. 그래서 '내일'이라고 말하다 보면 내일도 '내일'이라고 말하게 될 것이다. 나에게 주어진 오늘의 선물, 이 '현재'라는 선물은 오직 현재에만 존재한다. 이걸 다른 '가치'로 전환해주지 않으면 이 선물들은 그저 포장도 뜯지 못한 채 버려진다.

이 글을 쓰며 나 또한 나 자신에게 시간의 소중함을 더 절절히 느꼈으면 좋겠다고 주문을 건다. 24시간을 당연하게만 여겼던 내 모습들을 반성한다. 이따가, 내일부터, 다음주부터, 다음달부터, 내년부터 이 말들은 생활에서 지워버리자. 지금, 당장, 바로, 즉시라는 말이 습관이 되도록 하자.

인생이란 건 나홀로 서야 할 시기가 반드시 온다.
그때는 어쩔 수 없이 스스로 결정해야 한다.

이대로 굶어 죽든지
아니면 당장 일어나 움직이든지.

무엇을 하며
살아야 할지
알고 싶다면

    많은 이들이 자신이 무엇을 좋아하는지 몰라서 답답해한다. 그리고 어떻게 하면 좋아하는 일을 찾을 수 있는지 궁금해한다. 나도 참 오랜 시간 고민해 왔고 지금은 조금이나마 나 자신이 무엇을 좋아하고 무엇을 싫어하는지 알게 된 것 같다. 물론 이것도 확신할 수 없는 이유는 우리가 다른 이의 마음을 잘 모르는 것만큼이나 나 자신의 마음도 잘 알 수가 없기 때문이다. 인간의 마음은 그때그때 변덕도 참 심하고 주위의 상황에 따라서 욕구조차도 달라지기 때문이다. 하기 싫은 일이 언젠가는 좋아하는 일이 될 수도 있다. 좋아하는 일이 언젠가는 싫어하는 일이 될 수도 있다. 당장 미치도록 좋아하는 일일지라도 오래 해보지 않으면 진정으로 내가 그것을 좋아하는지 정확히 판단할 수 없을 것이다.

인간은 언제나 변화의 가능성을 내포하고 있고 지금 이 순간도 계속 변화하고 있다. 결국 중요한 것은 확정적인 정답을 찾으려 하는 것보다 평생을 통해서 나라는 존재에 대해 탐구하려는 태도일 것이다. 우리는 인생이라는 길 위에 있고, 그 길 위를 걷고 있다는 것 자체가 소중한 것 아닐까.

언젠가 바뀔 수도 있을 가능성을 내포하곤 있지만 그래도 인간은 호불호가 명확히 두드러지기도 한다. 혼자서 조용히 사색하며 일처리 하는 것을 선호하는 사람이 있고 어떤 이는 타인과 대화하며 일을 처리하는 사람이 있다. 바삭한 음식을 더 좋아하는 사람이 있고 말랑말랑한 음식을 더 좋아하는 사람이 있다. 우린 이런 나만의 성향을 발견해 나가는 과정을 통해 내가 무슨 일을 하면 좋을지를 알아갈 수 있다.

그런데 이런 나 자신을 향한 탐구과정을 이어나갈 때 나를 흔드는 것들이 너무도 많다. 인간의 심리를 깊이 들여다보면 자기는 스스로가 원해서 어떤 행동을 하고 있다 생각하지만 정작 내면에는 다른 어떤 이유들이 있는 경우가 있다. 부모님이나 친구들의 기대에 부응하기 위해서일 수도 있고, 돈이나 명예 같은 보상을 위해서일 수도 있다. 아니면 어떤 보이지 않는 심리적 압박 때문일 수도 있다. 인간이 참으로 신기한 점은 원하지 않고 좋아하지 않는 일도 얼마든지 원하는 척, 즐거운 척 하며 살 수 있다는 것이다. 타인을 속이는 것뿐만 아니라 나 자신조차도 속인다. 난 한때 돈 버는 게 너무 좋았다. 그래서 열심히 일했다. 그때는 힘들어도 이것이 내가 원하는 것이라고 여겼기에 스스로 행복한 존재라고 나를 설득시켰다. 자신이 진정으로 무엇을 좋아하는지 깨닫지도 못한 채 난 나 자신을 속이고 있었다.

자신만의 소명이 있고, 그 소명을 위해서 하기 싫은 일을 해내는 것과 자신이 무엇을 원하는지도 모르는 채 그저 피상적으로 스스로를 합리화시키는 것은 완전히 다른 문제다. 진정으로 자신이 무엇을 원하는 지 다양한 각도에서 탐색을 거쳐야 한다. 세월에, 환경에 정신없이 끌려 다니다 보면 5년 10년 언제 시간이 흘러가는지도 모른 채 지나가 버린다. 달리고 있는 이 길이 맞는지 확인도 하지 않은 채 전속력으로 달리다보면 그 속도만큼 내가 진정으로 바라는 것과 멀어질 수 있다. 차라리 잠시 멈춰 서서 내가 현재 처한 위치와 나아가야 할 방향에 대해 고요히 생각해 보는 게 더 도움이 될 수 있다.

이때 한 가지 좋은 테스트 방법이 있다. 묘비명 테스트라는 것이다. 자신이 죽었을 때 묘비에 쓰였으면 싶은 말을 적어 보는 것이다. 나는 이 테스트를 통해서 내가 앞으로 살아가고 싶은 방향과 직업의 모습을 생각해 볼 수 있었다. 나는 독서와 글쓰기가 좋아서 중국어 가이드를 그만뒀고 독서와 글쓰기를 중점으로 할 수 있는 직업인 작가가 되고자 앞으로의 방향을 잡았었다. 그리고 책 읽고 글 쓰며 나의 생각을 이야기하는 공간을 만들려고 유튜브 채널을 시작했었는데 막상 외국어 공부 영상이 채널에서 인기를 얻다보니 그런 인기에 현혹되어 나도 모르게 이 첫 마음을 잃어 버렸다. 정체성의 혼란을 겪었다. 거의 1년 동안이나 채널의 갈피를 잡지 못하다가 이 테스트를 만나고 채널의 방향뿐 아니라 인생의 방향을 함께 잡을 수 있었다.

내가 죽고 난 후 난 묘비에 어떤 모습으로 기록되고 싶은가? 난 '작가, 지식 경영 전문가, 지혜를 찾는 사람' 이렇게 쓰이고 싶었다. 특히, 작가란 단어가 더 뜨겁게 내 가슴을 데워 주었다.

그 이후로 유튜브 채널에서 인기가 없을지라도 '독서 관련' 컨텐츠를 조금 더 중점적으로 다루기 시작했다. 그리고 독서하며 글 쓰는 활동에 더 에너지를 쏟기 시작했다. 외국 어공부법 위주로만 영상을 계속 올리면 아마 채널은 더 빠르게 성장하고, 수익도 더 많이 늘어났을 테지만 지금 당장의 수익보다는 5년 뒤 10년 뒤의 나, 길게는 평생을 통해 만들어질 나를 위해서 앞으로의 행보를 결정했다.

난 무엇을 좋아하는가? 라는 이 질문은 결국 아래의 질문으로 바꿀 수 있지 않을까?
'난 어떤 사람이 되고 싶은가?'
'난 그런 사람이 되는 방향으로 나아가고 있는가?'

죽고 나서 어떤 모습으로 기억되고 싶은가를 생각해 보자. 그리고 그 모습을 향해 나아가기 위해 앞으로의 10년, 앞으로의 3년, 앞으로의 1년, 앞으로의 3개월, 앞으로의 일주일, 그리고 오늘을 기획해보자. 물론 되고자 하는 모습이 또 어느 날 변덕스럽게 바뀔지도 모른다. 하지만 그 과정 속에서 조금 더 나다운 모습을 발견해 갈 것이다.

천재란 자신만의 고유한 생각이 있다는 것을 믿고,
그것을 지속적으로 찾는 사람이다.
그리고 찾아낸 그것을 소중히 여기며
일생 동안 묵묵히 실천하는 사람이다.

<심연>, 배철현

학교를
간다는 것에
대하여

    17살에는 마땅히 고등학교에 가야하고 20살에는 대학교에 가야 한다. 암묵적으로 정해진 규칙이 되어버린 것 같다. 학교의 역할은 무엇일까? 우린 왜 학교에 가는 것일까? 사실 대부분의 우리들은 그 이유에 대해서 크게 생각해보지 않는다. 다들 가니까 가야하는 것이라고 믿는다. 정해진 시간에 옹기종기 모여서 같은 과목을 함께 공부한다. 학생의 취향과 성향은 중요한 것이 아니다. 각자의 개성이 중요하다고 수업시간에 배우지만 정작 학교에서 학생을 대하는 방식은 그렇지 않다. 학생이 어디에 관심을 가지고 있는지는 중요하지 않다. 지금 중요한 것은 학교가 알려주는 것을 다 같이 열심히 익히는 것이다. 더 열심히 공부해서 옆의 친구를 이기는 것만이 행복해질 수 있는 비결이라고 알려준다.

학교란 곳에 대해 생각한다. 원래 하이스쿨(high school)이라고 하는 고등학교의 시초는 '기술학교'였다. 서양은 산업화 시대에 들어가게 되면서 공장에서 일을 할 인력이 필요하게 되었다. 그리고 이런 인력들은 최소한의 기술지식이 있어야 했다. 농경사회에서의 농업방식은 대부분 부모에서 자녀로 지식이 전달되었다. 하지만 산업화시대가 급격히 도래하며 많은 사람들에게 기술에 대한 교육이 필요하게 되었다. 그래서 고등학교를 만들고 기술자를 양성했다. 그리고 더 나아가 학문을 심도 있게 공부하거나 관리자들을 양성하기 위해 소수를 위한 대학 시스템도 조금씩 정교해지게 되었다.

경제가 성장하며 전체 국민의 경제력이 좋아졌다. 학생들의 학업에 대한 욕구도 더 커지게 되었다. 대학을 가는 학생들이 더 많아지게 되고 그와 함께 인문계 고등학교의 수도 늘어났다. 이제는 실제 업무능력을 기르는 것은 점차 대학교에서 담당하게 되고 일반 고등학교는 기본적인 국민의 지식과 소양을 닦는 시스템이 되었다. 전인적(全人的) 인간을 만들겠다는 목표가 생겼다. 이러한 교육시스템의 장점은 뚜렷하다. 아직 꿈이 없는 학생에게 꿈을 찾아가는 시기로서 다양하게 배워보면서 자신이 무얼 좋아하는지 고민해 볼 수 있는 기회를 허락한다. 그리고 최소한의 비용으로 최대한의 지식습득을 하게 한다.

하지만 이런 장점이 오히려 단점이 되는 경우가 많다. 학생들이 스스로의 꿈을 찾아가는 과정을 도와주고 스스로 생각하는 힘, 즉 사고력을 길러줘야 할 공교육이, 학생들을 정보습득 기계로 만들어 버린다. 지식을 찾는 법과 사색하는 법을 알려주어야 하는데 잘 차려 놓은 지식을 무조건 주입한다. 그리고 정작 그렇게 때려 넣은 지식은 사회에 나와서는 크게 쓸모가 없다. 생각하는 방법을 배우지 못했기에 지식을 어떻게 적용해야 할지 알지 못한다.

전인적 인간을 만들겠다는 목표가 오히려 아이들을 생각하지 않는 기계로 만들어 버리는 것이다. 정확한 답을 맞히는 훈련은 하지만 질문하며 생각하는 훈련은 하지 않는다. 물론 모든 교육의 현장이 이렇게 암울하진 않을 것이다. 많은 곳에서 학생들을 위한 다양한 시도를 하고 있고 예전보다는 많이 나아지고 있는 것으로 알고 있다. 하지만 아직도 갈 길은 멀다. 학교가 해야 할 일은 지식을 많이 주입하는 것이 아니라, 생각하는 능력을 길러 주는 것이다. 정리된 지식을 외우는 것이 아니라 지식을 찾는 방법과 그

것을 익히는 방법을 알려주는 것이다. 이런 것들만 잘 알려
줄 수 있다면 사회에 나와서 각자의 상황에 맞게 지식을 얻
고 익힐 수 있을 것이다. 물고기를 잡아다 줄 것이 아니라,
스스로 물고기를 잡는 법을 알려주어야 한다.

대학은 어떨까? 본래 대학은 자신만의 분야를 조금 더
깊이 있게 학습하고자 진학하는 곳이다. 근데 언젠가부
터 우리나라 대학교는 고등학교의 확장판 그 이상 그 이하
도 아니게 된 것 같다.(물론 그렇지 않은 학교도 있을 것이
다.) 대학이라는 공간이 진짜 학문을 하는 곳이라기보다는
좋은 학점 받고 학위를 준비하는 장소가 되어버렸다.

참 안타까운 것은 많은 부모님들과 인생의 선배라고 할
수 있는 사람들이 이것을 알려주질 못하고 있다는 것이다.
대학이 전부가 아니라는 말에 이제는 많은 사람이 공감하
지만 왜 그것이 전부가 아닌지를 설명하지 못한다. 어른들
조차 그 필요에 대해 정확히 설명하지 못하는데 학생들은
오죽하겠는가. 학생들은 그저 이 제도에 휘둘릴 수밖에 없
다. 어른들이 어린 시절 휘둘려온 것처럼 지금의 아이들도
휘둘리고 있다.

화가가 되고 싶은 아이가 있다. 이 아이는 화가가 되는 법에 대해 어른들에게 물어보았다. 학교 열심히 다니면서 좋은 성적 맞아야 한다는 대답이 돌아왔다. 좋은 대학에 가면 더 좋은 화가가 될 수 있다고 이야기했다. 그래서 이 아이는 오전부터 밤까지 죽어라고 공부해서 좋은 시험성적을 받는다. 남는 시간에는 미술 실기시험을 준비하고 좋은 모범 그림을 보며 정확히 모방하는 방법을 배운다.

물론 이런 과정 사이에서도 좋은 화가가 배출 될 수도 있을 것이다. 하지만 얼마나 많은 아이들이 이러한 입시시스템 속에서 그림에 대한 흥미와 재능을 썩혀 버렸을까 생각하면 아찔하기만 하다.

학교란 공간은 꿈을 심어주고, 그 꿈을 잘 길러 나갈 수 있게끔 도와주는 곳이어야 한다. 그림 실력이 좋다고 좋은 화가가 되는 건 아니다. 좋은 화가가 되려면 책도 읽으면서 사고력도 기르고, 세상에 대한 깊이 있는 통찰까지 겸비해야 좋은 화가가 될 수 있다고 생각한다. 이런 것을 학교가 해줄 수 있다면 얼마나 좋을까? 학교 가서 오전 시간에는 친구들과 함께 독서토론도 하고, 사고력 기르기에 필요한 최소한의 수학 공부, 자연에 대한 지식을 키울 수 있는 과학, 인간이 걸어온 길을 배우는 역사 등 기본적인 소양을 최소한으로 배우고 나머지 시간에는 진짜 그림 공부만 열심히 할 수 있게끔 도와주는 것이다. 각자의 꿈에 기반한 자신만의 할 일을 각자가 찾아서 하는 것이다.

이렇게 되면 우리나라에도 뛰어난 화가들이 쟁쟁하게 등장할 것이다. 근데 우리나라 미술 입시를 보면 한숨만 나온다. 정답을 알려주고, 딱 그 지침대로 그려내도록 실력을 키운다. 해외 대학의 교수들이 한국학생들이 입학한 후 1년간 함께 하면서 가장 어려운 점이 이 아이들의 틀을 깨는 것이라고 한다. 스킬은 좋은데 생각을 하려 하지 않는다는 것이다. 자신만의 틀 안에 갇혀 있어서 창의성이 부족하다.

미술 분야만 그럴까? 프로그래머가 되고 싶은 사람, 연주자가 되고 싶은 사람, 경영자가 되고 싶은 사람, 작가가 되고 싶은 사람 모두 마찬가지이다. 인간은 각자의 성향과 취향에 맞는 꿈을 꾸기 마련이다. 또한 자신의 성향 자체가 이 세상에 존재하는 직업적인 모습에 대입되지 않는 경우도 허다하다. 우린 스스로에 대해 발견하고, 나다울 수 있는 일에 시간을 투자해야 한다. 그러면서 이 길이 진정으로 나다울 수 있는 길인지 계속해서 살펴야 한다. 하지만 이런 시행착오를 거칠 시간 자체를 우리 교육은 허락하지 않는다.

오히려 꿈을 가진 사람이 더 혼란스러워진다. 나는 도대체 이걸 왜 배워야 하는 거지? 라는 생각이 하루에 수십, 수백 번씩 들 수밖에 없다. 그리고 이 사회는 이런 생각을 가진 사람을 오히려 이상하게 바라본다. 그러다보면 우린 더 이상 그런 의문을 가질 수 없게 된다. 사회적 동물인 인간은 '이상하게 보여지는 것'을 극도로 두려워 할 수밖에 없다. 특히 어린 시절엔 더더욱 남들의 시선을 의식하기 마련이다. 사회의 성공 경로를 따르는 게 최선이라고 스스로를 설득하게 된다.

대학을 갈지 말지 고민하는 학생들, 그리고 우리 아이를 대학에 보내야 할지 말아야 할지 고민하는 부모들이 많다. 무작정 남들은 다 가니까 대학에 가는 것은 자신의 삶을 위한 태도가 아니다. 이 대학이 나에게 진정으로 필요한 것인지 생각해보고 그 필요에 따라서 결정을 하는 게 중요하다. 언젠가 좋은 직업을 얻기 위해서 지금은 어떻게든 스펙 쌓는 것이 최고라고 생각하는 것을 그만두어야 한다. 차라리 바로 선택하기보다 1년 동안 아르바이트 하면서 자신의 적

성에 대해 고민해보는 시간이 오히려 더 유용할 수도 있다.

현재 교육시스템의 단점들을 나열하며 무조건 다른 길을 가자고 이야기하고 싶은 것이 아니다. 고등학교에선 자퇴를 해야 하고, 대학은 반드시 가지 말자라고 이야기하는 것이 아니다. 그 길을 향해 나아가더라도 그 필요를 확실히 인식하고 선택하는 것이 좋겠다는 말이다.

우린 멈춤을 두려워한다. 어떻게든 쉬지 않고 달려야만 도태되지 않는다고 생각한다. 아니다. 세상은 그렇게 흘러가지 않는다. 시간은 상대적이다. 나의 시간과 옆 사람의 시간은 다르게 흘러간다. 옆 사람을 의식해서 당장의 1년을 선택하기보다 나 홀로 존재하는 앞으로의 10년, 20년을 보며 결정하자. 다른 사람보다 뒤처진다는 두려움을 내려놓자. 나의 길엔 나만이 존재할 뿐이다. 진정으로 나다운 길을 만들어가자.

아이에게 착하기를 강요해선 안 된다. 착한 것은 미덕이 아니다. 복종하고 순종하는 것은 삶을 살아가는 데 중요한 힘이 될 수 없다. 진정으로 중요한 것은 자신이 좋아하고 믿는 것을 관철하는 힘이다.

물론 자신이 좋아하고 믿는 것을 남에게 강요하거나 피해를 입히는 것은 마땅히 벌을 받아야 한다. 아이에게 타인에게 피해를 주지 않으면서 자신이 하고자 하는 것을 유지하는 힘을 기르게 해주어야 한다. 많은 부모들이 진정으로 중요한 것이 무엇인지를 잊고 있다. 말 잘 듣는 아이가 좋은 아이라는 환상을 버려야 한다. 부모라면 아이가 이 세상을 잘 살아갈 수 있게끔 길러주어야 한다. 그것이 진짜 힘이다.

아이에게 착하기를 강요해선 안 되듯 나 자신에게 착하기를 강요하지 않겠다. 사람들의 모든 요구를 들어주며 착한 척하지 않겠다. 난 내가 가슴 뛰는 일들을 열심히 하는 데에 나의 에너지를 쏟을 것이다. 사람들의 기대를 충족시키려 움직이지 않겠다. 내면의 울림에만 반응할 것이다. 내 작은 울림이 퍼져나가 언젠가 사람들의 기대와 공명하는 순간이 온다면 진정으로 착한 사람이 될 수 있다. 그 전에는 오직 나의 것들에만 집중할 것이다. 착한 척하려 하지 않겠다.

시간이란 존재를
무엇이라 여기는지가
자신의 삶을 결정한다

    동화를 참 좋아한다. 그리고 그런 동화가 영화로 만들어
지면 꼭 찾아보곤 한다. 루이스 캐럴의 원작 <이상한 나라
의 앨리스>도 영화로 만들어졌다. 어느 날 후속편 <거울나
라의 앨리스>를 보면서 참 많은 생각이 들었다. 생각이 몰
아쳐오면 손가락이 간지러워 가만히 있을 수 없다. 일기장
을 꺼내 쉼 없이 글을 적었다.

    나의 눈에 비춰진 이 영화의 핵심은 '시간의 중요성'이
었다. 도입 부분부터 시간에 대한 이야기가 나온다. 앨리스
가 아버지를 그리워하면서 어머니와 대화하는 장면이 나오
는데 어머니는 '시간이라는 존재가 정말 야속하고 잔인한
존재'라고 표현한다. 기다려주지 않고 정처 없이 지나가버
리는 시간이 미운 것이다. 그때 앨리스도 동조하면서 시간

은 도둑이고 악당이라고 이야기한다.

이 이야기를 하며 영화가 시작된다. 그 이후 앨리스가 원더랜드에서 모험을 하며 '시간'이라는 존재에게서 시간여행을 할 수 있는 구슬을 빼앗아 달아난다. 과거로 돌아가 '시간'이 뺏어간 것들을 되돌려 놓으려 한다. 이 '시간'이라는 존재는 악당처럼 생겼고 악당같이 행동을 한다. 앨리스는 모험 중에 여러 가지 우여곡절을 겪으면서 '시간'에 대한 생각이 조금씩 바뀌어 가며 시간이 정확히 어떤 존재인지 배워나간다.

마지막 장면이 참 많은 생각을 하게했다. 앨리스는 '시간'에게 말한다.

"처음엔 당신이 도둑인줄 알았어요. 하지만 이젠 정말로 알겠어요. 당신이 내게서 앗아가기 전에 내게 준 것은 하루하루가 선물이었단 것을요. 모든 시간, 모든 분, 모든 초."

그리고 시간이 대답한다.

"시간은 모두의 친구란다."

20대 때 난 10년 전으로만 돌아갔으면 좋겠다고 자주 생각했다. '현재의 생각을 가지고 10대로 돌아가면 참 좋겠다. 그러면 계속 전교 1등하며 서울대 갈 수도 있을 텐데.', '일찍 운동 시작해서 선수가 될 수도 있을 테고, 아니면 일찍부터 돈을 모으고 투자를 해서 최고의 부자가 될 수 있을 텐데.' 이런 몽상을 하며 시간을 보내곤 했다. 시간을 돌리고 싶었다. 만약 나에게 10년이란 시간, 20년이란 시간이 다시 주어진다면…. 아니 그것도 바라지 않아. 딱 5년만 주어진다면. 아니 딱 1년 전으로만 돌아간다면.

25살쯤 되니 이제 막 20살이 된 친구들이 부러웠다. 난 이뤄놓은 게 전혀 없는데 이 친구들은 5년이란 시간이 더 있지. 하면서 그들이 아직 써보지도 않은 시간을 부러워했다. 이런 생각을 하지 않기 시작했을 때가, 27살 무렵부터였다. 내 인생을 위해서 무언갈 하지 않으면 안 되겠다는 절박한 생각이 들었다. 그때부턴 악착같이 공부하며 하루하루를 버텼다. 과거에 대한 후회나 아쉬움을 가질 여유조차도 없었다. 나의 앞으로가, 지금 나에게 주어진 이 시간이 중요했다. 그렇게 지나온 시간들에 미련을 가지는 태도를 그만뒀다. 앞으로를 위한 행동으로 하루를 보내다 보니 몽상하는 버릇도 어느새 없어져 있었다. 더 이상 타임머신을 타고 불행한 현재를 바꾸려는 시도를 하지 않았다.

참 다행인 일이다. 그때 계속 후회로 시간을 허비하며 지금 이 순간까지 왔다면 지금의 내 모습은 어떨지 아찔하기만 하다. 과거에 대한 후회나 아쉬움은 나의 삶에 전혀 도움이 되지 않았다. 오히려 이 앞으로의 시간을 뭘 하면서 보내야할까라는 생각을 하는 게 더 도움이 되었다.

앨리스의 태도를 보며 내 과거가 오버랩 되었다. 시간을 보는 관점 자체를 바꾸는 게 얼마나 중요한지도 알게 되었다. 시간은 시간 그대로 있을 뿐이다. 이 시간이 내 기회를 빼앗는 악당이 될지 아니면 나에게 주는 귀한 선물이 될지는 나의 태도에 달려 있다. 과거의 시간은 이미 내가 사용한 시간이다. 그것은 이미 내 손을 떠났다. 이미 떠나버린 것에 아쉬움을 남기기보다 지금 이 순간 내 손에 주어진 것을 귀하게 여길 줄 알아야 한다. 시간은 나에게 지금도 선물을 주고 있다.

과거는 앞으로의 삶을 살아가는데 배움을 얻는 도구로 사용해야 한다. 과거를 사용해 현재를 후회로 채색시키는 것을 그만두는 것이다. 후회와 반성은 종이 한 장 차이다. 과거를 보며 후회하는 것에는 미래가 없다. 지나온 과거에 '반성'할 때 내일의 희망이 있다.

잘 살고 싶어 하는 사람들은 참 많지만
자신을 바꾸고 싶어 하는 사람들은
별로 없는 것 같다.

천천히
생각해보는
훈련

독서 속도가 나지 않아서 고민이라는 분들이 많다. 짧은 시간에 더 많은 것들을 얻고자 하는 심리는 누구나가 가지고 있는 것 같다. 독서뿐만 아니라 외국어 공부, 운동, 다이어트 모든 분야에서 우린 효율을 추구한다. 나 또한 이왕이면 더 효율적인 방법으로 빠른 성장을 하는 것을 좋아하기 때문에 외국어 공부법이든 독서법이든 여러 가지 방법론에 대해 연구를 한다. 그런데 이런 '속도'에만 집착 하다 보면 오히려 더 잃게 되는 게 많다는 것을 배우게 된다.

우린 학교를 다니며 정확한 답을 빠른 시간 내에 도출하는 훈련을 하곤 한다. 공식을 외우고 정해진 질문에 정해진 정답을 외운다. 생각의 속도를 올리려는 것이다. 제한 시간 내에 정확한 답을 더 많이 도출해낸 사람이 좋은 성적을 받고 우월하다는 평가를 받는다. 생각의 속도가 중요하다고 생각하는 저변에는 이런 생각이 있다. 뉴턴이 떨어지는 사과를 보고 순식간에 '아하' 하면서 중력의 법칙을 발견했다는 생각 말이다. 우린 이 '유레카' 하는 순간, '아하' 하는 순간을 동경하며 그런 빛나는 통찰이 뇌를 관통하는 순간이 자신에게도 찾아오길 갈망한다.

하지만 그런 빠른 결과물만을 바라는 태도는 그 결과가 도출되기까지의 과정을 간과하게 만든다. 뉴턴이 사과가 떨어지는 현상을 예로 든 것은 자신이 발견한 법칙을 설명하기 위함이다. 단 하나의 경험으로 그런 통찰을 얻지 않았다. 뉴턴은 당대의 물리학 지식을 이미 섭렵한 상태였고 자신이 가진 물리학 지식과 떨어지는 물체에 관한 자연적 현상을 연결 지으며 깊이 있는 사유를 했다. 물론 어느 날 사과가 떨어지는 걸 보고 더 큰 영감을 받을 수 있었겠지만 그가 가진 지식이 없었더라면, 일상 속에서 지속된 사유의 반복이 없었더라면 그런 통찰을 절대 얻지 못했을 것이다.

참 안타까운 것은 우린 그의 오랫동안의 사유의 흔적을 보기보단 단순히 그가 얻은 결과만을 보려 한단 것이다. 사과가 떨어지는 걸 보고, '아하! 중력이구나!' 하는 이 단편적인 사실 하나만 보는 것이다. 이런 시선이 모여 정확한 답을 최대한 빨리 도출해 내는 게 중요하다는 인식들이 이 사회에 퍼져 나간다. 대학생들도 풀지 못했던 문제를 몇 초만에 풀었던 아이, 책 한 권을 몇 분이면 다 읽는 아이가 매스컴의 주목을 받는다.

정답의 도출 속도가 중요하다는 생각이 도가 지나치다 보면 '생각'의 속도를 올리는 게 아니라 속도 그 자체에만 집착하게 된다. '생각의 속도'를 올리려 함은 생각하는 능력을 상승시키려는 것이다. 그저 '속도'만 올리려 집착하는 것은 결과만을 바라는 욕심이다. 외운 답이든, 요령으로 푼 답이든 아무튼 정답만 있으면 된다는 사고방식이다. 그러다 보니 학생들은 점점 생각하기보다는 정확한 정답만 외우는 일들을 반복한다. 유튜브 채널을 운영하다 보면 간혹 이런 말들을 들을 때가 있다.

"그러니까 부연 설명 하지 말고 딱 핵심만 알려 주세요."
"저는 공부할 것도 너무 많고, 직장일도 바빠서요. 설명의 길이가 긴 영상은 다 보기가 힘듭니다. 좀 짧게 만들어주세요."

솔직히 나도 안다. 어떤 영상이 더 자극적이고 효율적인

지. 짧고 임팩트 있게 만드는 게 더 현대인들의 바쁜 생활에 알맞고, 영상의 조회수를 올리는데도 도움이 된다는 걸 알고 있다. 하지만 동시에 생각한다. 채널 조회수 올리는 것에는 아주 큰 도움이 되겠지만 그 짧은 핵심 몇 가지만 알려주는 영상이 사람들에게 '진짜 도움'이 될 수 있을 것인지.

나도 채널이 무럭무럭 성장했으면 좋겠다. 오히려 짧게 만드는 영상이 에너지도 덜 들어간다. 그래서 차라리 쉽게 쉽게 찍어 볼까라는 생각도 자주 한다. 하지만 하나라도 더 알려주고 싶고, 더 깊이 있게 생각을 해볼 수 있게 도와주고 싶은 나의 욕구가 나를 막아선다. 내 욕심이 지나쳐서 영상이 지루해진다면 그것 또한 나의 잘못이기에 난 이 두 가지 사이의 중간 지점을 잘 찾아보려 노력 중이다.

다만 근사하게 잘 차려진 상차림만을 원하는 현대인들의 지식에 대한 태도가 조금 안타깝다. 인터넷 환경이 발달하며 이제 검색해서 나오지 않는 것이 없다. 정보화 시대에 인터넷을 활용하지 않는 것은 미련한 것이겠지만 이런 좋은 환경에만 의존해 더 이상 사고하려 하지 않으려 한다면 우리 인간의 의식 수준은 2000년 전보다도 퇴보 할 것이다. 정보에 접근이 쉬워지고 그 양이 많으면 무엇 하겠는가. 결국 그 정보를 활용하는 것도 인간이고 연결지어 맥락을 만들어 내는 것도 인간이다.

'시작이 반이다.'라는 속담을 보고서 어떤 사람은 '아 그렇구나.' 하고 끝내는 반면에 어떤 사람은 '왜 그럴까? 왜 시작이 반일까?' 하며 오랫동안 생각한다. 나는 이 후자의 사람이 시간이 지나면 지날수록 더 큰 성장을 이룰 것이라 믿는다. 우리는 생각의 속도가 아니라 생각의 질을 높일 필요가 있다. 학교 시험도 시간제한을 줄이고 학생들의 깊은 생각을 테스트할 수 있는 시스템으로 바뀌어 나가야 한다고 생각한다. 물론 대학들에서 시행되는 논술시험처럼 이런 시험이 없는 것은 아니지만, 좀 더 어렸을 때부터 이런 훈련이 되도록 교육시스템도 정비되어야 한다는 생각이다.

사회에 나오게 되면 생각의 속도보다는 생각의 질이 필요하다. 1시간 안에 회사를 뒤바꿀 창의적 아이디어를 만들어 제출하라는 회사는 없을 것이다. 회사의 아이템을 결정하는 일에 학교시험 보듯이 접근하진 않는다. 지엽적인 지식들을 분석하면서도 한편으론 전체를 한 눈에 내려다보는 훈련을 하고 다른 분야의 사례들도 연결시키며 깊이 있게 분석하는 것에서부터 혁신의 창조적 아이디어가 생겨난다. 또한 우리 사회에 진짜 필요한 사람은 왜 정답인지도 모른 채 달달 외우기만 하는 사람이 아니라, 느리지만 정답을 찾아가는 과정 자체를 시도해보는 사람이다. 세상을 바꾼 획기적인 아이디어들은 대부분 온갖 시행착오와 실패, 그리고 우연 사이에서 탄생했다. 깊이 사유하고 도전하는 사람들로부터 사회는 점차 변화해 나간다.

사람마다 생각의 속도는 다르다. 어떤 이는 빠르게 해결책을 생각해낼 것이고 또 다른 이는 조금 느리게 해결책을 생각해낼 것이다. 그리고 느리더라도 생각의 질이 높다면 사회 어딜 가든 환영 받을 것이다. 보통 창의적인 사람들은 생각이 느리다. 사실 느릴 수밖에 없다. 더 넓은 관점에서 보기 때문에 더 오랜 시간을 필요로 한다. 높은 곳에서 때론 깊은 곳에서 이 문제를 바라보기 때문에 더욱 창의적인 문제 해결력을 보여준다.

생각의 질을 높이기 위해선 어떻게 해야 할까? 속도에 대한 강박관념부터 내려놓아야 한다. 급하게 정답을 바로 알고자 하는 조급함부터 내려놓아야 한다. 천천히 생각해

보는 것이다. 이 바쁘게 돌아가는 현대인의 삶 속에서, 고요히 느리게 생각해보는 것이다. 어떤 문제든지. 빠르게 도출해내는 게 중요한 게 아니다. 생각을 천천히 깊이 있게 하는 게 중요하다.

앞으로 어떻게 살아야 하는지, 지금 가는 방향이 잘 가고 있는 방향인 것인지. 회사에서 나의 능력이 계속 성장하고 있는지, 혹시 그냥 기계적으로 같은 업무만 반복하고 있는 건 아닌지. 중간고사 때 시험을 망쳤으면 그 원인은 무엇인지, 기말고사를 준비하면서 이전과 똑같은 일을 반복하고 있는 것은 아닌. 사춘기가 온 우리 아이와 어떻게 하면 대화의 물꼬를 틀 수 있을지. 등등 우리 삶의 모든 곳에서 생각의 질을 높여보는 시도를 해보는 것이다. 기계적으로 이전에 해오던 답을 빠르게 도출하는 습관을 이제는 내려놓아 보자.

생각의 질을
높이는 방법

조용히 혼자서 마냥 생각한다고 생각의 질이 높아지지는 않는다. 물론 조용히 생각하는 시간을 가지지 않는 사람보다는 생각을 많이 하는 사람이 더 깊은 생각을 할 것이다. 하지만 단지 생각만 하는 사람은 자신이 가진 생각의 한계에 부딪힐 수밖에 없다.

'유익한 생각법'이 무엇일까 궁금했던 적이 있었다. 그래서 생각에 관한 서적들을 열심히 탐독하곤 했다. 만다라트, 마인드맵, 글쓰기를 통한 생각 확장법 등 여러 가지 방법들을 배우기도 했다. 이런 스킬들을 배우면서 확실히 느낀 것은 스킬은 결국 스킬일 뿐이란 것이다. 자신의 내면에 가진 것이 있어야 스킬을 활용해 효과적으로 생각을 이어나갈 수 있다. 아무것도 없이 텅텅 비어 있는데 좋은 스킬을 배워봐야 결국 수박겉핥기 식의 접근밖에 되지 않는다.

우리의 생각은 각자의 언어수준, 지식수준, 경험수준에 의해 한계가 결정된다. 생각의 깊이가 남다른 사람들을 보고 우린 '지혜롭다'라고 표현한다. 그렇게 생각의 깊이가 남달라지려면 어떻게 해야 할까? 자신의 언어, 지식, 경험을 높이기 위해선 어떻게 해야 할까?

생각의 질을 높이기 위한 첫 번째 방법은 독서다. 지혜로운 사람들은 대부분 책을 읽는다. 책을 좋아하고 자주 보기 때문에 여러 가지 아는 게 많고 여러 지식을 통해서 세상을 보는 관점 또한 매우 넓다. 과학서적을 자주 보는 사람은 우리가 사는 이 자연이 어떻게 형성되어지고 어떻게 유지되는지에 대한 지식이 있다. 그래서 평범한 자연물을 보면서도 더 깊은 생각을 할 수 있다. 심리학서적을 자주 보는 사람은 인간이 어떤 마음으로 행동과 사고를 하는지 또 어떤 심리로 서로 관계를 맺어 가는지 안다. 가족을 보든 친구를 보든 더 많은 현상들을 발견하고 파악할 수 있다. 사회과학서적, 삶의 애환을 다룬 소설, 자아성장을 돕는 자기계발서, 경제경영서 등 이렇게 여러 분야에서 지식을 가진다는 것은 그만큼 세상을 보는 관점을 넓히고 생각의 깊이를 가지게 해준다.

두 번째 방법은 직접 경험해 보는 것이다. 여러 가지 삶의 경험을 많이 한 분들을 보면 깊은 통찰력을 가졌다는 것을 느끼게 된다. 책 속의 지식만을 보다 보면 현실성이 결여되기 쉬운데 스스로 시행착오를 경험하며 직접 경험한 것들은 더 공고히 의식 속으로 자리 잡는다. 직접 느껴보았기 때문에 단순한 현상들 속에 숨겨진 보석들을 볼 줄 아는 눈이 생긴다. 그래서 우리는 경험이 많은 사람들을 존경하고 그들에게 무언가를 배우길 바라는 것이다. 지혜로운 분들을 볼 때면 지혜는 학력과는 전혀 상관없음을 보게 된다. 오랜 세월의 경험을 가진 어르신들뿐만 아니라, 어렸을 때부터 남다른 경험을 한 젊은이들도 그 나이대에 보일 수 없는 지혜를 보여주는 경우도 많다. 이처럼 우리가 어떤 경험을 가지고 있느냐에 따라서 생각할 수 있는 범위가 달라진다. 직장 일을 한 번도 해보지 못한 사람들은 직장인들이 느끼는 감정, 애환을 느끼기가 힘들다. 직장인에 관한 드라마를 봐도 아직 직장 가보지 않은 청소년이 보는 것과 상사한테 하루 종일 시달리다 온 직장인이 보고 느끼는 것은 확연히 다를 것이다.

세 번째는 자신의 언어 수준을 높이는 것이다. 인간은 자신이 구사하는 언어 수준에 따라 생각의 수준도 달라진다. 구사할 수 있는 어휘력이 풍부한 사람들은 그 어휘력이 내포하고 있는 감정과 뜻만큼 더 많이 느끼고 경험한다. 그만큼 생각의 질도 높아진다. 이런 자신의 언어수준은 평소에 보던 책보다 조금 더 어려운 책을 보고, 다양한 강연을 듣고, 다양하게 말하고 글 쓰면서 높여갈 수 있다.

우린 그동안 살아오면서 얻은 지식, 경험, 언어에 따라서 생각의 한계를 경험한다. 아무리 더 질 좋은 생각을 쥐어 짜내려고 해도, 이때까지 살아오면서 쌓아온 입력의 양만큼 산출량이 결정된다. 뭔가를 출력하려면 그만큼 입력한 것이 있어야 하는 것이다.

지식, 경험, 언어 이 세 가지 수준을 한 번에 올릴 수 있는 가장 효율적인 방법은 역시나 독서라고 생각한다. 책만큼 쉽고 값싸게 정보를 입력 할 수 있는 수단이 없다. 직접 경험으로 얻는 통찰은 오랜 시간과 에너지가 든다. 하지만 책은 만원에서 이만원대에 한 권 사서, 4~7시간만에 당대 최고 전문가의 10년 통찰을 얻을 수가 있다. 꼭 사지 않더라도 주위 도서관에 가면 무료로 책을 볼 수 있는 좋은 시대에 살고 있다.

　물론 살아가면서 직접경험을 통해서만 얻을 수 있는 지혜들이 있을 것이기에 경험을 통해 배우려는 열린 태도를 가지고 있는 것도 중요할 것이다. 아르바이트를 하든, 직장 생활을 하든, 친구들과 대인관계를 하든, 동호회 모임을 하든, 여행을 가든 여러 가지 경험들을 하는 것이다. 그리고 그런 경험들을 기계적으로 과거로 전송해 버려선 안 된다. 곱씹어보면서 책을 읽으며 얻었던 지식과 연결하여 삶의 지혜로 탈바꿈 시켜야 한다. 그렇게 하면 돈으로 살 수 없는, 단순히 책을 읽는 것만으로 얻을 수 없는 통찰들을 얻게 될 것이다.

독서가 좋아서 시작한 것은 아니었다.
좋다기에 시작했고 처음에는 인내로 버텼다.
그리고 독서와 사랑에 빠졌다.

글쓰기가 좋아서 시작한 것은 아니었다.
잘하고 싶은 마음에 시작했고
처음에는 인내로 버텼다.
그리고 글쓰기와 사랑에 빠졌다.

사람과 일과의 관계든,

사람과 사람과의 관계든,

그 사이에 싹트는 애정은

함께한 시간과 비례한다.

오래 만난 사람과의 이별이 더 힘든 이유는

그 순간 놓아 보내려는 존재가

단지 그 사람만이 아니라

함께한 모든 시간도 포함되기 때문이다.

어떤 것이든 시간과 노력을 들이면

더 사랑하게 된다.

행복에
대하여

행복이란 무엇일까? 무엇이 나를 행복하게 해줄 수 있을까? 타인이 규정해 놓은 행복의 기준을 좇으면서 현재의 불행을 감수하는 것은 자신을 위한 행복이 아니라 타인이 원하는 행복을 좇는 것이다. 자신만의 행복기준을 재정립하고 그 기준에 합당한 행동으로 오늘을 채워간다면 참으로 바람직할 것이다. 그런데 이 행복이란 게 무엇인지 정의하기가 참 힘들다는 것이 또 문제다.

'행복'이라는 단어만큼 모호한 단어가 있을까? 인간이 철학적 사유를 하기 시작한 이후부터 지금까지 줄곧 이 '행복'이라는 단어는 줄곧 화두가 되어 왔다. 정답은 없을 것이다. 꼭 위대한 철학자들만이 행복이란 단어를 규정하고 설파하는 것이 아니다. 구체적인 문장으로 표현하지 않았을 뿐이지 인간 모두가 내면에 자신만의 행복 기준을 정립해 놓고 있다. 어른들이 아이들에게 '이렇게 살아야 한다.'라고 말하는 것도 결국에 자신만의 행복의 길을 설파하고 있는 것이다.

나도 참 오랫동안 이 행복에 대해 생각해왔다. 한때는 어떻게든 돈을 많이 벌어서 더 이상 일을 하지 않아도 될 만큼 모으면 그게 불행에서 행복의 땅으로 갈 수 있는 탈출구라고 생각했다. 어떻게든 참고 버텨서 돈을 많이 버는 것, 이것이 행복으로 향하는 진리의 여정이라 여겼기에 나의 20대는 돈을 향한 집착의 연속이었다. 더 많은 돈을 벌 수 있는 기회를 물색했고 나 자신을 계발해 가며 여러 직업들을 전전했다. 당시의 나에게 행복이 뭐냐고 묻는다면 대답은 분명 '돈의 여부'였을 것이다. 돈을 왕창 벌 수 있으면 분명 하루 종일 행복의 감정 속에 풍덩 빠져 살 수 있으리라 여겼다. 한 해씩 시간이 지나면서 내 사고가 한 톨씩은 성장했고 그와 함께 내 행복의 기준도 계속 변화해 왔다.

오늘 나에게 행복의 기준이 무어냐 묻는다면 '쾌락과 성장의 공존'이라고 말하고 싶다. 만약 오직 즐겁기만 한 활동을 하는 것이 행복한 삶이라고 한다면 지금 당장 게임만 하거나 치킨에 맥주 한 잔 들이키며 미드(미국 드라마)에 푹 빠져 있을 것이다. 하지만 그런 일들은 즐겁긴 하지만 나의 성장에는 별다른 도움이 되지 않을 것이기에 앞으로 살아갈 내 삶의 총체적인 행복에 큰 도움이 되진 않을 것이다. 또한 쾌락이 없이 그저 성장을 위한 일만을 하는 것도 나를 행복하게 해주는 길은 아닐 것이다. 자신의 즐거움이 없는 성장을 성장으로 부를 수 있을까?

인간은 성장하는 것을 좋아한다. 운동 중에 자신의 실력이 좋아지는 느낌을 받을 때, 궁금해 하던 지식을 알게 되었을 때, 성적이 올랐을 때, 외국어 실력이 늘었음을 체감할 때, 돈이 더 많이 벌릴 때, 이전에 생각하지 못하던 통찰이 밀려들어올 때, 주위 사람들에게 칭찬을 받을 때, 회사에서의 실적이 상승했을 때, 승진했을 때, 합격했을 때, 가족과 더 많은 사랑을 나눌 때, 아이들이 성장하는 걸 볼 때, 명예가 높아질 때, 권력을 가질 때, 인기를 얻을 때…….

인간이라면 이런 성장의 순간들에 짜릿함을 경험하며 이 순간을 위해 살아온 게 아닐까 하는 즐거움을 느낀다. 내면적인 성장이든 외면적인 성장이든 상관없이 무엇이든 성장하면 인간은 즐거움을 느낀다. '성장' 할 때 도파민이 분비되면서 즐거움이라는 감정을 가져다 준다. 그리고 우리 이 즐거움이라는 감정을 유지하기 위해서 쉼 없이 성장하고 싶어 한다. 사실 그래서 인간은 온전한 만족이 불가능한 동물이다.

즐거움을 유지하려면 이전보다 더 큰 자극을 필요로 한다. 어떤 곳에 도달하면 그 순간 즐거움을 느끼지만 도달한 그 지점이 다시 자신의 원점이 되며 또 다른 즐거움을 위해 새로운 목표를 잡는다. 이런 쉼 없는 경주에 지쳐 차라리 이런 고통 뒤의 즐거움을 포기하고 지금 당장의 편안함만을 선택하는 사람도 있다. 하지만 지금 당장의 편안함이 언제까지 유지될지는 그렇게 조금만 지내보면 안다. 결국 언젠가는 자기 자신을 책임져야 할 시기가 올 테니까. 휴식도 휴식답게 보내야 한다. 휴식은 할 일을 미루기 위해 존재하는 게 아니라 오늘 하루 할 일을 끝내놓고 나를 다시 충전하려 할 때 사용하는 단어다.

매일 자리에 앉으면 일기장부터 꺼내놓는다. 그리고 나에게 묻는다. 어떻게 살고 싶니? 어떻게 살면 행복할 수 있을까? '즐거움과 성장이 공존하는 그 일'이 무엇이니?

'즐거우면서 동시에 자신의 성장에 기여하는 일'

그 일이야말로 자신의 천직이라고 표현할 수 있을 것이다. 그것을 알고 그것에 헌신하는 사람이 자신 스스로의 삶을 가치롭게 여길 수 있다고 생각한다. 타인이 그 사람을 어떻게 평가하든 상관없이 행복한 삶을 살아갈 것이다.

어느 날에, 잘 하고 있던 중국어 가이드 일을 그만두었다. 당시의 나는 '독서와 글쓰기'가 너무나도 좋아서 '평생 책 읽으면서 글 쓰면서 살 수는 없을까?' 라는 고민을 하기 시작했다. 지금에 와서는 독서와 글쓰기를 할 수 있는 직업들이 다양하단 것을 알게 되었지만 그때 딱 떠올린 직업은 '작가'였다. '그래, 작가가 되어야겠다.' 그리고 가이드 일을 그만 두었다. 바로 작가가 될 수 있다는 자신감이 있었던 건 아니다. 당장의 벌어둔 돈으로 한두 해만 독서와 글쓰기에 푹 빠져보자는 작은 도전이었다. 돈이 다 떨어지면 어쩔 수 없이 가이드일 하러 돌아가야겠지만 일을 했다가 그만두다가를 반복할 지라도 내 꿈을 위해 달려 나가고 싶었다. 그때의 선택이 지금까지 이어져서 4년째 지속하고 있다. 그만둘 당시에는 몰랐던 유튜브 활동도 시작했고 다양한 경로로 내 꿈을 위한 과정을 구체화했다.

행복은 즐거우면서 동시에 성장할 수 있는 있는 일을 할 때 우리에게 찾아온다. 자신이 무엇을 할 때 즐거움을 느끼는지 목록을 만들어보자. 그리고 그 각각의 목록들이 나를 얼마나 성장시켜 줄 수 있는 일인지도 체크해 보자. 이때 성장의 유형을 나누는 것도 중요하다. 지식이나 스킬을 높이는 내면적 성장인지 수익이나 인기, 명예를 높여주는 외면적 성장인지 분간하는 것이다. 내면의 성장이든 외면의 성장이든 모두 다 인간의 삶에 적절히 필요한 것이라고 생각한다. 조심해야 할 점은 한 쪽으로만 너무 치우친 성장은 독이 될 수도 있다는 것이다.

단순히 외부적 성장에만 집중해서 재력, 권력, 인기를 높이기에만 집중하는 것은 성장해가는 과정 자체는 즐거울 수 있지만 언젠가는 막다른 골목에 부딪힐 수밖에 없다. 외부적인 성장은 언젠가는 멈출 수밖에 없는 것이기에 더 많이 가지면 가질수록 집착을 불러오고 진짜 중요한 것이 무엇인지 잊게 만든다. 일만 평짜리 땅을 소유하게 되면, 이만 평 가지고 싶은 게 인간 마음이다. 자신의 삶에 진정으로 중요한 것이 무엇인지 생각해보지 않는 사람은 언젠가 큰 깨달음을 얻더라도 이미 너무나 많은 노력과 시간을 허비한 순간일지 모른다.

이런 성장에도 나만의 기준을 정했다. 외면적인 성장은 내 삶의 행복에 정말로 필요한 정도로만 목표를 두고, 내면적인 성장에 기여할 수 있는 일에 집중하고 싶다. 정답은 없다. 자신만의 행복 기준을 정립하고 그 기준에 가까운 일들로 이 삶을 채워가는 데 힘쓰는 것이다. 지금 당장 하던 공부, 하던 일들을 다 때려 치고 새롭게 시작하자는 이야기가 아니다. 하루에 십 분이더라도 내 행복에 가까운 일들로 채워서 어제보다는 더 행복에 다가간 하루를 만들어보는 것이다. 그 하루들이 계속 반복될 때 그렇게 축적된 매일의 힘은 내 삶을 완전히 변화시킬 수 있을 것이다.

그노티 세아우톤(gnothi seauton).

'너 자신을 알라'라는 고대 그리스의 유명한 격언이다. 예전에는 이 문장을, 네 분수를 알아라, 성도로 이해했었다. 그러나 오늘은 이 말이 완전히 새롭게 들린다. 인생에서 가장 중요한 것을 알려주고 있다. 분수를 알고 잠자코 있으라는 말을 하려는 것이 아니다. 자신이 어떤 존재인지 면밀히 탐구해서 자신을 위한 삶을 살라는 제안을 하고 싶었던 것이다.

신화에서 영웅이 탄생하는 모든 배경에는 자기 자신을 탐구하는 활동이 있다. 자신을 발견하는 과정을 통해 진정한 힘을 얻고 세상을 호령하는 영웅으로 탄생하는 것이다. 영웅으로 탄생하기 위해서는 자신을 알아야 한다. 이 세상에 태어난 이유를 명확히 인식해야 하는 것이다.

태어난 이유.

사실 우린 이 자연에 그저 아무 의미 없이 던져진 존재일 뿐이다. 자연이 탄생하고 파괴되고 그리고 다시 탄생하는 이 순환 속에 이 전체 자연의 일부일 뿐이다. 하지만 우리 스스로 인생의 의미를 창조하는 순간 우리 인간은 완전히 다른 존재가 된다. 내가 나 자신에게 의미를 부여하고, 타인에게 의미를 부여하며 우린 영웅으로 자라나게 된다.

이 삶의 사명은 스스로 만들어내는 것이다. 내면의 울림에 귀 기울여 그 작은 소리를 바깥으로 표출해야 한다.

자신의 길을
간다는 것

상상과 현실은 때로 너무나 다를 때가 많다. 자신의 길을 멋들어지게 설계하더라도 그 길 그대로 이루어지는 경우는 거의 없다. 내가 걸어온 길을 돌아볼 때도 계획대로 이루어진 것이 단 하나도 없는 것 같다. 그래서 참 많은 이들이 차라리 선택조차 하지 않으려 한다. 계획한 대로 이루어지지 않으니 차라리 계획을 포기하는 것이다. 당장의 현실에 순응하고 어떻게든 되는대로 살아간다. 그만큼 자신의 인생을 주도적으로 창조해 나가는 건 쉬운 일이 아니다.

자신의 삶을 살아가겠다는 결정을 한다고 모든 일이 술술 풀려나갈 것이라 생각하는 건 큰 오산이다. 오히려 더 혼란스럽고, 더 막막할 것이다. 아주 단단히 각오해야 한다. 과정 자체가 나를 단련 시켜줄 테지만, 그런 단련 또한 지난한 과정 속에서 천천히 이루어진다. 아주 천천히, 아주 작은 성취를 하루하루 쌓아가는 과정이 나를 단련시켜 준다.

인간은 누구나가 위대한 잠재력, 자질을 가지고 있다. 하지만 그 잠재력을 세상에 표출해 내는 것은 결국 '행동'의 영역에서 이루어지는 일이다.

과거의 나에게
한마디
해줄 수 있다면

　살아가다 보면 이런 상상을 해보게 된다. 과거로 돌아가서 과거의 나에게 어떤 힌트를 주는 것이다. 포기하지 말고 계속 해라. 더 노력해라. 이런 말들. 그 주식을 사라. 로또 번호는 이것이다. 그 일은 하지 마라. 이런 상상을 해보기도 한다. 나는 이런 생각에 푹 빠져 살던 사람이었다. 그런데 어느 시점부터 조금 변했다. 이젠 더 이상 과거로 돌아가고 싶지 않아졌다. 재미있게 본 미드 〈로스트〉에 이런 장면이 나온다. 존 로크는 과거의 자신에게 무언가 힌트를 줄 기회를 얻었다. 하지만 그 기회를 사용하지 않았다. 왜 그러지 않았냐는 질문에 이렇게 대답한다.

　"그 시련들이 지금의 날 만들어 준 거요."

　나에게도 혹시 과거로 돌아갈 기회가 있다면 가지 않아

야겠다는 생각이 들었다. 조금이라도 더 편한 길을 선택하는 순간 지금의 나는 없을 것이다. 지금의 나는 그 힘들었던 순간들을 지나쳐 왔기에 존재하는 것이다. 더 쉽게 헤쳐 나올 수 있었다면 지금의 나보단 연약해져 있을 것이다. 생각해 보면 아찔해진다. 책을 좋아하는, 글쓰기를 좋아하는, 영상을 통해 소통하는 것을 좋아하는 내가 또 다른 어떤 존재가 되어있을지 그건 아무도 모른다. 나비효과처럼 작은 변화가 지금의 나를 어떻게 바꿀지 모른다. 현재의 나는 내 과거 모든 점들의 집합이다. 과거의 나에게 힌트를 줌으로써 현재의 삶이 더 나아질 수 있는 가능성도 있지만 그 똑같은 가능성으로 나빠질 수도 있다.

과거의 하지 않은 노력들 때문에 후회를 하고 있는 사람이 있다고 가정해 보자. 과거로 돌아가서 자신에게 이야기를 해준다. 지금 놀지 말고 더 공부해 봐. 이 일 그만두지 말고 계속 버티고 해 봐. 과거의 자신이 그 말을 들을까? 다른 사람들이 그런 잔소리를 했을 때 반응처럼 아마 미래의 자신이 하는 소리도 귓등으로 흘려버리지 않을까? 지금 조금 정신 차렸다면 지금 이것 또한 과거의 놀았던 경험 덕분일지 모른다.

지금의 자신은 과거 모든 자신의 집합이다. 철이 드는 데는 사람마다 시기가 다를 수 있다. 개개인의 차이와는 별개로 더 많은 고생을 해 본 사람이 조금 더 일찍 철이 드는 것은 맞는 것 같다. 어릴 때부터 어려운 환경에서 스스로 먹고 사는 것을 걱정해야 했던 사람들은 일찍부터 철이 드는 경우가 많다. 의지할 데가 없다는 것이 결국 스스로를 더 빨리 크게 만드는 것이다. 결국 인간을 가장 많이 성장하게 해주는 것은 고통인 것 같다. 성장하기 위해 받아야 하는 고통의 총량이 있다면 난 어서 빨리 그 고통을 받고 싶다. 실패도 더 많이 더 일찍 해 본 사람이 더 빠른 성공으로 다가선다고 한다. 위대한 업적을 이룬 사람들 모두가 강조하는 조언이 많이 경험하고 실패해보라는 것이다.

과거의 나에게 힌트를 줄 수 있게 된다면 난 일찍부터 유튜브를 시작하라고 하고 싶다. 읽어야 할 독서목록을 알려주고 글쓰기 훈련법을 알려줘서 일찍부터 작가의 길을 밟을 수 있도록 돕고 싶다. 하지만 진짜 그런 선택의 기회가 주어진다면 그러지 않을 것이다. 20대 때 온갖 시행착오를 거치며 이런 일 저런 일 해봤기 때문에 다양한 경험에 대한 눈이 뜨일 수 있었다. 진저리치게 하기 싫은 일을 잠도 덜 자가면서 해야만 하는 상황에 처해봤기 때문에 난 나 자신이 무엇을 진정으로 좋아하는지 알게 되었다. 존 로크처럼 나도 힘든 과정을 겪고 있는 과거의 나에게 힌트를 주지 않을 것이다.

　아무튼 아직 현대기술로는 시간을 거스르는 방법은 존재하지 않는다. 어차피 하고 싶어도 할 수 없다. 그러니 과거를 바꿔 현재의 삶에 변화를 주기보다 지금 현재를 바꿔 나의 미래를 바꾸는 게 나은 선택일 것이다. 지금 더 고생하고 지금 더 노력한다면 나의 미래는 그 고생만큼 더 많이 성장해 있을 것이다.

　과거의 나에게 해주고 싶은 말이 있다면 지금 현재의 자신에게 그 말을 해주면 어떨까? 미래의 자신이 지금 이 현재로 와서 당신에게 이야기한다고 생각하자. 현재의 내가 10년 전의 나에게 해줄 이야기가 있다면 10년 후의 나도 지금의 나에게 분명 해주고 싶은 이야기가 있을 것이다. 인간은 제법 똑똑하다. 10년 후의 내가 현재의 나에게 해줄 이야기가 어떤 것일지를 충분히 추측해 볼 수 있다. 미래의 내가 현재의 나에게 뭐라고 하고 싶어 할까?

주저했습니다. 미루고 싶었습니다. 아직 책 쓸 준비 안 되었다 생각했습니다. 조금 더 수련기를 거친 뒤 1, 2년 뒤에 글을 쓰면 훨씬 더 잘 쓸 수 있을 텐데. 지식도, 글쓰기 실력도 조금 더 성장한 채로 쓰면 훨씬 더 좋은 책이 나올 텐데. 미천한 필력을 드러내는 게 무서웠습니다. 무지를 들킬까 두려웠습니다. 출판사와 계약한 이후에도 글쓰기에 착수하는 걸 네 달이나 미루었습니다. 제 글이 세상에 나온다니. 상상만 해도 끔찍했습니다. 무대에 공연을 하러 올라갔는데 알고 보니 실오라기 하나 걸치지 않은 자신의 상태를 발견한 기분이랄까요?

바쁘단 핑계가 필요했습니다. 다른 일들에 더 열중했습니다. 글쓰기 할 시간 자체를 허용해 주지 않았습니다. 글쓸 시간이 생겨 버리면 죄책감과 자괴감이 저를 집어삼킬 것 같았습니다. 그렇게 차일 피일 미루다가 어느 순간 깨달았습니다. 원대한 목표보다 작은 실행의 힘을 이야기하던 나는 온데 간데 없고 수풀에 숨어 벌벌 떨고있는 어린 사슴 한 마리만 남아있단 것을요. 더 이상은 안 되겠다는 생각이 들었습니다. '실천 없는 지식은 죽은 지식이다.'라고 외치던 제 모습을 지켜야겠단 생각이 들었습니다.

쉽게 시작하자고 스스로를 다독였습니다. 일단 하면서 생각하자. 실천하면서 성장해나가면 된다. 지금 당장 완벽하지 않아도 괜찮다. 성장은 지금 이 행동 뒤에 따라오는 자연스러운 결과물이다. 작가이기에 쓰는 것이 아니라, 쓰기 때문에 작가가 된다. 이때까지 저를 이끌어온 성장에 대한 태도와 책쓰기를 일치시키기 시작했습니다. 글쓰기도 서서히 탄력이 붙었습니다.

사실 지금도 두렵습니다. 저의 부족한 글을 지금 이 순간 누군가가 읽고 있을 거라 생각하니 등골이 서늘해지고 머리가 하애졌습니다. 하지만 이 두려움과는 별개로 저 자신이 자랑스럽기도 했습니다. 지금 느끼는 이 두려움에 굴복하지 않고 이렇게 쓰고 있으니까요.

저의 첫 성장 에세이는 이렇게 제 두려움 속에서 태어났습니다. 1년 뒤쯤이면 저는 이 책을 구입하신 여러분들을 다 찾아내 책을 내놓으라고 다그친 뒤 다 환불해주고 싶을지도 모릅니다. 초보 작가의 어리숙함을 이 세상에서 지우고 싶을 것 같습니다. 부족한 지식과 필력에 몸서리 칠지 모릅니다. 하지만 그런 생각이 드는 것도 좋은 일일 것 같기도 합니다. 과거의 부족함이 느껴진다면 그만큼 저의 사고가 더 성장하고 글쓰기를 훈련했다는 증거일 테니까요.

저는 그렇게 살아가고 싶습니다. 어제의 나를 부숴버리고 더 성장한 나를 맞이하고 싶습니다. 매일 조금씩 나아지며 내면의 성장을 즐기고 싶습니다. 더 풍성한 지혜를 얻고 싶습니다. 이 책에서 저는 지금 이 순간 제가 할 수 있는 최선의 이야기를 담았습니다. 저의 작은 생각들이 누군가의 삶의 한 순간에 작은 물결이었으면 좋겠습니다. 바람과는 다르게 형편없는 글에 실망하셨다면 지면을 빌려 죄송하단 말씀을 드리고 싶습니다. 다만 앞으로 끝없이 성장해 나아갈 한 청년의 시작이 여기였다는 것만 기억해주시면 감사하겠습니다.

성장하는 것이 참 즐겁다는 것을 알게 된다는 건 기쁜 일입니다. 그리고 그런 마음을 함께 공감하는 사람이 있다는 것도 매우 즐거운 일입니다. 여러분들과 함께 성장해 나갈 수 있어 즐겁습니다. 앞으로도 함께 성장해 나가는 동반자가 되길 바라봅니다. 부족한 글 읽어주셔서 다시 한번 감사드립니다.

감
사
의
말

　온갖 시행착오를 거치며 제 성장의 시험장이 되었는데
도 불구하고 부족한 영상들 사랑해주시고 계속 구독 이어
가 주시는 우기부기TV 구독자님들께 감사드립니다. 그리
고 부족한 글에 시간을 낭비하셨을지 모를 이 책의 독자님
들께도 감사드립니다. 다음 책은 더 성장해 있을 테니 실망
하시지 않을 겁니다.

　바쁘단 핑계로 미루기만 하는 작가 관리하시느라 고생
하신 정영주 편집자님께도 감사함을 전하고 싶습니다. 덕
분에 도망가지 않고 버틸 수 있었고 글쓰기와 조금 더 친해
질 수 있었습니다. 또 부족한 저의 이야기를 책으로 만들어
주신 부크럼 출판사 관계자 모든 분들께 감사하단 말씀 드
리고 싶습니다.

어렸을 적부터 독서에 대한 즐거움과 책에 대한 중요성을 알려주신 아버지 감사드립니다. 독서를 몰랐다면 지금의 삶도 없었을 거에요. 세상 살아가는 재미를 알게 해주셨습니다.

그리고 언제나 아들이라는 이유 하나만으로 지켜봐주시고 무한한 사랑을 베풀어 주시는 어머니 감사드립니다. 사랑 없는 삶은 아무것도 아닌 삶임을 깨닫습니다.

내 삶의 주인은 누구인가

1판 1쇄 발행 | 2020년 02월 24일

지은이 손승욱
편 집 정영주

발행인 정영욱 | **기 획** 정영주 | **교 정** 정소연
도서기획제작팀 정영주 김태은 정소연 이은정
디자인마케팅팀 김은지 백경희 김혜빈 | **영업팀** 정희목

펴낸곳 (주)부크럼
주 소 서울특별시 구로구 구로동 237 지하이시티 1813호
전 화 070-5138-9971~3 (도서기획제작팀)
이메일 editor@bookrum.co.kr
인스타그램 @bookrum.official
블로그 blog.naver.com/s2mfairy
포스트 post.naver.com/s2mfairy